KB065902

일본어천재가 된 홍대리

이예숙 지음

재미있게 독학으로 정복하는
추리 일본어 학습법

다산
라이프

일본어는 나에게 꿈을 이루는 통로였다

여러분이 이 책을 선택한 이유와 동기는 분명 한 사람 한 사람 다를 것이다. 그러나 목표는 단 한 가지, 일본어를 잘 하고 싶다는 희망사항일 것이다.

분야를 막론하고 그 어떤 일이든 프로에게는 돌아가는 상황이 질서정연하게 보이지만, 아마추어한테는 무질서하게만 보인다는 얘기를 어느 책에선가 읽은 기억이 있다. 봄 여름 가을 겨울이 있듯, 경매의 세계에도, 주식의 세계에도, 스포츠, 예술, 외국어, 어느 세계에나 질서, 즉 법칙이 존재하는 것 같다. 이 법칙을 알고 실천한 사람들이 프로라고 불리는 사람들이다. 겨울에 좋은 종자를 고르고 찾는 노력을 하며, 봄이 오기를 기다려야 하고, 기다림과 인내 끝에 봄이 오면 좋은 씨앗을 뿌려, 여름에 피땀 흘려 가꾸어야만,

가을에 수확할 수 있다.

외국어를 공부할 때 좋은 종자란, 좋은 방법을 말한다. 이 책에서는 '암기하지 않고 추리하는 신개념 학습법', 즉 나무보다 숲을 먼저 보는 습관을 제시하고 있다. 부분에 얽매이지 말고 전체의 흐름과 상황을 보는 습관을 들인다면, 모르는 단어도 알아들을 수 있고(청취력), 말할 수 있고(회화력), 독해도 가능하다(독해력)는 말이다. '암기하지 않고 추리하는 신개념 학습법'을 선택한 당신은 좋은 종자를 골랐으므로, 겨울을 빈둥거리며 보낸 사람들과는 달리 보람 있고 알찬 겨울을 보냈다고 할 수 있다. 이 겨울 아무것도 하지 않은 사람들은 봄이 와도 뿌릴 씨앗이 없을 것이다. 좋은 종자를 고른 당신. 좋은 종자를 골랐으므로, 봄에 씨앗을 뿌리듯 지금 당장 시작해 보자.

시작이 반이라고, 내일로 미루지 말 것이다. 하루 이틀 미루다 보면, 어느새 봄은 가고 여름이 온다. 1년이란 시간은 많이 남아 있지만, 모든 것에는 '때'가 있는 법. 이 '때'를 놓치면, 시간은 주체할 수 없을 만큼 남아 있다고 해도 1년 농사는 망친 셈이다. 이 책을 선택한 지금 이순간이 당신한테는 봄에 씨앗을 뿌릴 '때'인 것이다. 시작했다면 다음은 피땀 흘려 노력하는 시기, 여름을 맞이할 수 있다.

자, 그럼 어느 시간에 어떻게 땀을 흘리면 좋을까?

나한테 배우는 수강생들의 80~90퍼센트는 직장인들이다. 이 책을 쓰기 위해, 직장인들이 어느 시간에 무엇을 어떻게 공부하는

지 물어보았다. 대부분의 수강생들이 출퇴근 2시간, 회사 점심시간 30분, 자기 전 30분을 활용해서 하루 평균 2, 3시간 공부한다고 했다. 시간은 공평해서 남는 사람도 없고, 없는 사람도 없다. 누구한테나 똑같이 주어지는 24시간을 어떻게 효율적으로 쓰는가, 이것이 관건이다. 방송인 현영은 그 바쁜 스케줄에도 재테크 서적을 출간했고, 조혜련 역시 한국 스케줄만으로도 버거울 텐데 일본까지 진출했다. 시간도 구조조정하자.

그럼 효율적인 공부 방법이란 어떤 것일까? 농사 일도 비 오는 날 농약을 뿌린다면 얼마나 무의미한 짓이겠나? 하다 보면 요령이 생겨서인지, 수강생들 대부분이 공부하는 시간과 장소가 비슷했다. 무엇을 어느 장소에서 공부하는지도 비슷했다. 회사 점심시간이나 집에서 잠들기 전에는 사전 찾기, 한자 쓰면서 외우기 등과 같이 책상에 앉아서 하는 공부를 한다고 한다. 그리고 출퇴근 시간 지하철이나 버스에서는 주로 입으로 토해내는 연습을 한다고 한다.

다른 계절보다도 길고 변화가 많은 여름. 장마, 홍수, 가뭄, 찌는 듯한 더위, 포기하기 딱 좋은 계절이다. 그러나 비바람을 이겨내야만 풍요로운 가을을 맞이할 수 있다. 시시때때로 기습해 오는 이 장애물들을 어떻게 극복해야 하나? 내가 해봐서 성공한 방식으로, 수강생들한테도 강력 추천하는 방식이 있다. 나한테서 졸업한 수강생들은 대부분 이 방식으로 긴 여름을 극복하고 이겨냈다. 다름 아닌

자기계발서를 읽으며 마음을 다잡는 것이다. 나는 단 한 페이지라도 매일 매일 거의 10년도 넘게 읽고 있다. 아마도 죽는 날까지 자기계발서는 옆에 두고 함께 하지 않을까 싶다. 약한 마음이 들다가도 번뜩 정신이 들고, 다시 일어서게 되고, 어느새 앞을 향해 걷고 있는 내가 있었다.

어느 자기계발서 저자는 3천 권 정도의 자기계발서를 읽어야만 뇌가 완전히 긍정적 사고방식으로 바뀐다고 했다. 고백하자면 내가 3천 권을 읽었는지는 세어보지 않아서 정확히 모르겠지만, 나에게 불가능은 없다고 생각하기에 이르렀다. 학습 교재를 써보지 않겠냐는 제안을 받아도 나는 망설임 없이 거절하며, 일본어를 공부하는 방법 또는 동기부여가 되는 책을 쓰겠다고 말해 왔다. 10년 후를 생각하고 있었는데 너무 빨리 꿈이 실현되었다. 다산라이프에서 처음 연락을 받았을 때도, 출판사라는 말을 듣고 으레 학습 교재를 제안하는 거겠거니 생각하고, "저는 학습 교재 안 쓰는데요."라고 말했다. 나의 막연한 꿈을 너무도 빠르게 이루게 해준 다산라이프와 학원 수강생들에게 얼마나 고마운 마음인지 모르겠다.

사실 나는 봉제공장 노동자 출신이다. 이런 나에게 꿈을 주고, 할 수 있다는 신념을 갖게 하고, 포기를 모르게 해준 〈보랏빛 소가 온다〉 〈18시간 몰입의 법칙〉 〈보물지도〉 〈돈 걱정 없는 노후 30년〉 등의 책들에게 너무 고맙다.

힘들었지만 꿋꿋하게 인내와 노력으로 여름을 보낸 당신. 다음은 수확의 계절, 풍요롭고 풍성한 가을이 당신을 기다리고 있을 것이다. 능력시험 1급 합격, JPT 800점대, 일상회화 자유자재, 한자 2만자 클리어(신문, 소설, 만화를 사전 없이 읽을 수 있는 실력), 얼마나 뿌듯한가! 나 또한 일본어와 꽤 오랜 세월을 함께 해온 것 같다. 20대 초반 시절엔 石(돌석), 右(오른우), 左(왼좌)도 구별하지 못하고, 시사도 역사도 상식도 문외한이었다. 그런 내가 닥치는 대로 공부를 하다 보니, 스스로도 대견할 정도로 지금은 많이 변해 있다.

밟혀도 밟혀도 꿋꿋하게 살아 있는 '잡초'. 내가 나 자신에게 선물한 별명이 바로 '잡초'다. 생명력이 강한 잡초……. 비바람에 고통스러워하고, 잠 못 들던 기나긴 세월이 나에게도 있었다. 그러나 지금의 나는 예전의 약하고 여린 잡초가 아니다. 바람막이가 없어도 난 비바람을 피하는 방법을 터득했다. 아니, 비바람과 친구가 되었다. 비바람이 고통스럽지도 않고 두렵지도 않다. 나는 잡초지만, 지금은 잡초라서 행복하다.

"이상은 높게 현실은 착실하게." 좋은 말이다. 당신도 꿈을 꾸고, 꿈을 이루길 바란다. 행복해질 것이다.

이예숙

CONTENTS

■ 등장인물 소개

홍 미래

대형 종합 출판사의 5년차 편집자. 서른 살의 대리로 회사
에서는 제 몫을 해내는 편집자이지만, 매사에 자신감 없
고 지루한 일상을 보내던 차에 사내연애 중이던 남자친구에게
차이고 만다. 인생에 간절한 변화를 원하던 그녀는 일본어 강사
이자 저자인 이 주아를 만나 일본어에 도전하기로 결심한다.

이 주아

화장품 외판원 출신의 잘 나가는 일본어 강사. 일본에서 유학하
던 시절의 경험을 쓴 요리 기행 에세이를 출간하면서 홍 대리와
만나게 된다. 멘토링을 요청한 홍 대리에게 5단계 추리 일본어
학습법을 전수해 주어, 홍 대리가 일본인 소설가의 방한 행사에
서 무사히 통역할 수 있도록 지원해 준다.

김 세련

홍 대리와 같은 출판사에 다니는 후배 편집자. 중국어와 영어에
능통하며 언어 감각이 뛰어나다. 중국어 원서를 직접 읽으면서
검토하는 실력자. 편집장은 시간외수당까지 쥐어가며 그의 능력을
십분 활용한다. 홍 대리의 남자친구였던 배 신남과 사귀며 홍 대
리를 자극한다.

하 유성

출판사 일본문학 파트 팀장. 홍 대리와는 같은 대학교 같은 과 선배에, 같은 동아리 선배이기도 하고, 직장 선배이기도 하다. 여름 휴가를 일본 교토로 갔다가 '아이코'라는 일본인 여성을 만나 원거리 데이트를 시작한다. 결국 그녀와 결혼을 하고 일본 테마 카페를 오픈한다.

강 지우

만화가. 홍 대리와는 고등학교 동창이다. 애니메이터인 우식과는 연인 사이. 두 사람의 친구인 우직과 함께 일본어 스터디를 한다. 길거리에서 우연히 옛 절친이었던 홍 대리와 만나 다시 친해진다. 홍 대리는 퇴근 길에 그녀의 작업실에 들러 일본어 공부를 하곤 한다.

이 우직

자우의 친구이며 애니메이터. 서글서글한 인상에 수줍음이 많지만 한번 관심을 가진 일에는 끝장을 볼 때까지 몰입하는 성격. 일본 애니메이션 작품을 원어로 찾아보기 위해 일본어 공부를 시작했다. 홍 대리에게 좋은 감정을 느끼고 그녀의 일본어 공부를 도와준다.

자신감을 찾을 통로가 필요해 1장

고인 물처럼, 어제와 똑같은 오늘

"아, 죄송합니다."

정신없이 뛰던 홍 대리는 사거리 모퉁이에서 여행용 캐리어를 끌고 가던 남자와 부딪히고 말았다. 그녀는 남자의 얼굴은 쳐다보지도 않고 사과를 한 다음 다시 뛰기 시작했다.

"잠깐만요!"

뒤에서 남자가 불렀지만 홍 대리는 그 소리를 듣지 못했다. 8시 55분. 출근시간까지는 아직 5분이나 남아 있었고, 잘만 하면 오늘은 지각을 면할 수도 있을 것 같았다.

사실 홍 대리는 출판사에서도 알아주는 지각대장이었다. 아침잠을 떨쳐내지 못해 허구한 날 지각을 하다 결국은 어제 팀장에게 한소리를 듣고 말았다. 평소의 그녀라면 '어차피 늦은 거 뛰어봤자 뭐해?'라고 생각하며 느긋하게 걸어갔을 것이다. 그러나 오늘만큼은 정말 제 시각에 도착해야 했다.

출판사가 있는 건물 안으로 들어서자 엘리베이터의 문이 막 닫히는 것이 보였다. 홍 대리는 급하게 뛰어가며 소리쳤다.

"잠깐만요!"

아슬아슬하게 엘리베이터 안으로 들어선 홍 대리는 숨을 헐떡이며 고개를 들었다.

"어, 홍 대리님. 안녕하세요."

엘리베이터 안에는 세련과 기획부 남자 직원이 있었다. 홍 대리는 지금 가장 만나고 싶지 않은 사람을 만나버린 탓에 당황해서 고개를 돌려버렸다.

"중국어 원서를 검토한다면서요? 외부 번역자에게 맡기지 않아도 될 정도로 실력이 좋은가 봐요."

기획부 직원이 세련에게 말했다.

"그냥 출간할 만한 걸 찾다 보니 중국어 책도 보게 되는 거죠. 번역이야 번역자에게 맡기는 게 좋겠지만, 원서 검토는 직접 하면 좋잖아요."

세련이 대답했다.

"이야. 정말 대단한 재원이 우리 출판사에 들어왔네요. 영어 실력도 굉장하다면서요?"

"그렇지도 않아요. 조금 하는걸요."

"조금이라뇨? 영어로 된 자기계발서를 직접 번역했다고 소문이 자자하던데요."

11층에 있는 사무실로 올라가는 내내 홍 대리는 그들의 대화를 듣고만 있었다.

사실 어제 홍 대리는 지난 2년 동안 사내에서 비밀로 연애하고 있었던 배 신남과 헤어졌다. 그 신남과 아침부터 엘리베이터에서 딱 마주친 것이다. 신남이 집안 일 핑계를 대며 홍 대리와의 약속을 한 번 두 번 취소하기 시작한 것은 두 달 전부터였다. 그러다 결국 홍 대리는 신남이 세련과 양다리를 걸치고 있다는 것을 알아버렸다.

어제 신남을 만났을 때 이별을 통보하려 했던 것은 아니었다. 신남이 세련의 이야기를 꺼내며 이별하려는 뉘앙스를 먼저 풍겼다. 순간 홍 대리의 머릿속에선 경종이 울렸다. '차이고 싶지 않아, 차이고 싶지 않아. 그럼 내가 너무 비참하잖아.'라는 생각이 들면서 자신도 모르게 해서는 안 될 말이 나오고 말았다.

"헤어지자."

신남은 당황스러운 표정 가운데 안도하는 기색을 보였다. 헤어지자고 먼저 말을 꺼냈지만 오히려 부들부들 떨고 있는 것은 홍 대리였다.

"안 내려요?"

엘리베이터 밖 복도에서 세련이 물었다. 그녀는 아직 홍 대리가
신남과 연인이었던 걸 모르는 듯했다.

"아, 내려요."

홍 대리는 세련의 눈을 피하며 중얼거렸다.

세련은 아름다운 여자였다. 누가 봐도 미인이라 할 만한 얼굴에
날씬하기까지 했다. 게다가 당당한 행동거지와 말투 때문에 사람을
끄는 묘한 매력도 있었다.

'저런 분위기에 끌린 거겠지?'

곁눈질로 세련을 쳐다보며 홍 대리는 속으로 중얼거렸다. 세련은
유창하게 중국어로 통화하면서도 두 손은 끊임없이 자판을 두드리
고 있었다. 수화기 저편에 있는 상대가 농담을 던졌는지 그녀는 갑
자기 웃음을 터뜨렸다. 그와 동시에 홍 대리와 눈이 마주쳤지만 그
녀는 곧 컴퓨터 화면으로 고개를 돌렸다.

"왜 그렇게 쳐다봤어요?"

통화를 끝낸 세련이 홍 대리에게 물었다. 예상치 못한 질문이었
다. 당황한 나머지 홍 대리는 어색하게 웃었다.

"중국어를 어떻게 그렇게 잘 하나 싶었어요."

"대학 다닐 때 중국으로 배낭여행을 간 적이 있었어요. 1년이나 다녔는데도 다 못 보고 올 정도로 넓더라고요. 그래서 다시 한 번 와야겠다고 결심했어요. 구석구석까지 다 돌아보고 싶었거든요. 아름다운 자연, 유적이나 유물, 그곳 사람들. 그 모든 게 마음에 들었죠. 한국에 돌아오자마자 중국어 책부터 샀어요. 그리고 열심히 공부하기 시작했죠."

세련은 기다렸다는 듯 말하기 시작했다. 꼭 그녀의 존재가 아니었어도 신남과 좋은 결말을 가지라는 법은 없었다. 그러나 어찌 되었든 그와 헤어진 데엔 그녀의 책임도 없진 않았다. 그런 그녀를 앞에 두고도 말 한마디 못하고 엉뚱한 이야기나 듣고 있으니 자신이 한심해서 견딜 수가 없었다.

"어, 배 대리님."

신남이 사무실 안으로 들어서는 것을 보고 세련은 반갑게 불렀다. 신남은 두 여자가 함께 있는 모습을 보더니 멈칫했다. 홍 대리는 힐끔 그를 쳐다본 뒤 책상 위에 있는 원고로 눈을 돌렸다.

세련은 신남이 있는 쪽으로 걸어가 밝은 음성으로 뭐라 말하기 시작했다. 그 말소리조차 듣기 싫었다. 홍 대리는 원고에 집중하려 애를 쓰며 팔꿈치를 책상 위에 올렸다. 손바닥으로 뺨을 받치는 척하며 자연스럽게 귀를 틀어막았다. 그런데도 여전히 세련의 높은 음성이 귓속을 파고들었다.

'귀찮아.'

홍 대리는 정말 모든 게 귀찮았다. 심지어 자기 자신조차도.

"어, 미래야."

전철역으로 걸어가는 도중 누군가 앞을 막고 섰다. 홍 대리는 자신의 이름이 들리자 고개를 들고 쳐다봤다.

"우와. 진짜 미래네. 세상 정말 좁다."

여자는 얼굴 가득 반가운 미소를 지으며 홍 대리의 손을 덥석 잡았다.

"어, 어! 지우야."

곧 고등학교 때 친구라는 걸 알아본 홍 대리도 반갑게 인사를 했다.

"어쩐 일이야? 여긴?"

지우가 물었다.

"사무실이 이 근처야. 넌?"

"나도. 작업실이 이 근처야."

"작업실? 너, 혹시……."

"그래. 기억하고 있었구나. 만화 그려."

"우와. 대단하다. 너, 꿈이었잖아. 만화가가 되는 거."

"그랬지. 아, 이럴 게 아니라 우리 작업실에 가자. 차라도 한잔 마셔야지."

지우는 고등학교를 다닐 때 잠자는 시간만 빼곤 늘 붙어 있다시피 했을 정도로 친하게 지내던 친구였다. 졸업을 하고도 한 2년 정도 연락을 주고받기도 하고 때때로 만나기도 했다. 그러나 어느 날부터인가 소식이 뜸해져 결국은 서로의 전화번호조차 알지 못하는 사람들이 되어버렸다.

그런데도 홍 대리는 지우가 낯설지가 않았다. 오히려 어제도 만난 것처럼 익숙하기까지 했다. 그도 그럴 것이 지우는 예전 모습 그대로였다. 사람을 사려 깊게 쳐다보는 눈빛이나 강단 있어 보이는 입술, 어느 것 하나 변한 것이 없어 보였다. 고등학생일 당시에도 그녀는 또래보다 성숙해 홍 대리가 많이 믿고 의지한 친구였다.

"가까운 곳에 있었구나. 그런데도 서로 모르고 다녔으니……."

지우가 데려간 곳은 전철역에서 멀지 않았다. 출퇴근 때 늘 오가면서 보았던 5층 건물이었다. 그 동네에서도 가장 오래된 건물이라 밖에서 보기엔 꽤 낡았지만 막상 안에 들어가니 구조 변경이 잘 되어 있었다.

"여기야."

3층 복도를 따라 제일 끝에 있는 문을 열며 지우가 조금은 쑥스럽게 말했다.

"멋지네."

"멋지긴. 좁지?"

"좁으면 어때. 자기만의 공간인데."

벽을 따라 줄지어 있는 책장에는 만화책과 비디오들이 가득 꽂혀 있었다. 창 앞에는 넓은 책상이 있었고 그 옆에는 컴퓨터 테이블이 있었다. 얼핏 보기에도 공간의 모든 것이 작업을 위해 배치되어 있다는 것을 알 수 있었다.

"커피 마실래?"

"응."

지우가 커피를 타는 동안 홍 대리는 책상 위에 놓여 있는 액자를 발견했다. 액자 속에는 지우를 사이에 두고 두 명의 남자가 어깨동무를 하고 있었다.

"누구야?"

"아, 그거. 오른쪽에 있는 사람은 내 애인이고, 왼쪽에 있는 사람은 우리들의 친구."

"애인이 있었구나. 우리 학교 다닐 때, 미래의 연인에 대해 얘기하던 게 기억나네. 어떤 사람인지 보고 싶다."

"오늘 일본에 갔어. 이번 달 안에는 오니까 그때 같이 보자."

"일본은 왜?"

"둘 다 애니메이터거든. 둘이 만든 애니메이션을 보고 일본의 한 회사에서 미팅 요청을 했다나 봐. 가끔 자료를 구하러 가기도 하는데, 이번엔 그런 건이라 둘 다 들떠가지고는 아주 바쁘게 떠났지."

"그렇구나. 그럼 일본어도 할 줄 알아?"

"응. 아무래도 일본이 애니메이션 강국이니까. 일본어를 알면 도움이 되지. 한국에 들어오지 않은 애니메이션을 보거나 이런저런 자료를 찾을 때 유용하니까."

"그렇구나. 그럼 너도 할 줄 알겠네?"

"응. 셋이 같이 시작했거든. 지금도 계속 스터디 하고 있어."

홍 대리는 마치 다른 세상의 이야기를 듣는 기분이 들었다. 만나 본 적이 없는 사람들이지만 자신의 일을 위해 일본어까지 할 정도라니 정말 대단하다는 생각이 들었다.

"이거 네 작품이야?"

액자 옆에 있는 만화책을 집어들며 홍 대리가 물었다. 여러 명의 아이들이 펄쩍 뛰고 있는 그림 표지에는 선명한 검은색으로 '강 지우'라는 이름이 적혀 있었다.

"응? 응. 처녀작이야."

"세상에. 책도 냈구나."

홍 대리는 자기 일처럼 기뻤다. 그러나 마음 한편은 바늘에 찔린 것처럼 따끔거렸다. 주위 사람들은 열심히 노력하며 살고 있고, 또 그만한 대가를 받고 있었다. 그런데 그녀 자신은 고인 물처럼 어제와 오늘이 똑같고, 잘할 수 있는 일도 없다는 생각이 들어서였다. 그런 생각을 할수록 주눅이 들고, 그나마 있는 자신감도 사라지는 것 같았다. 군이 비교하지 말자고 다짐을 해도 그게 또 마음 같지 않았다. 그녀는 답답한 나머지 지우가 듣지 못하게 자그맣게 한숨을 내쉬었다.

"무슨 생각을 그렇게 해?"

지우가 커피 잔을 내밀며 물었다.

"으음. 그냥. 작업실 분위기가 참 좋다는 생각."

"그래, 좁긴 하지만 분위기 하나는 끝내주지."

홍 대리는 다시 한 번 더 작업실을 둘러봤다.

'자신만의 공간이라……. 정말 멋지다.'

아는 만큼만 말해라

"일본어 강사요?"

아침부터 편집장의 호출이 있었다. 〈일본 음식 기행〉을 작업 중이던 편집자가 개인적인 사정으로 그만두게 되었다며, 홍 대리가 대신 맡아야겠다는 이야기였다. 그런데 필자가 일본어 강사라는 말을 듣고 홍 대리는 고개를 갸웃거렸다. 여행이나 음식 전문가가 아니라는 게 좀 의외였던 것이다.

"초고는 받은 상황이야. 수정하는 작업부터 진행하면 돼."

편집장은 필자의 이름이 '이 주아'라는 것과 전화번호를 알려주었다.

자리로 돌아온 홍 대리는 이 주아의 초고를 읽기 시작했다. 이 주아는 음식에 대한 이야기만 쓰고 있지 않았다. 일본 유학 시절 일본어를 잘못 사용해 실수했던 경험이나, 그 경험을 통해 알게 된 삶의 지혜 같은 것도 있었다.

'어, 재미있네.'

사실, 처음에 홍 대리는 작업할 원고가 하나 더 생겼다고 투덜거렸다. 그러나 원고를 읽으면 읽을수록 이 주아에 대한 호감도가 높아지면서 기대감까지 가지게 되었다. 원고를 반쯤 읽은 다음 홍 대리는 이 주아에게 전화를 걸었다. 새로운 편집자로 자신을 소개한 뒤 첫 미팅 시간을 잡을 생각이었다. 그러나 그녀는 전화를 받지 않았다.

📱 선생님. 새로 배정된 편집자입니다. 전화 주세요.

문자를 보낸 뒤 홍 대리는 기지개를 한 번 쭉 폈다. 그리고 시계를 봤다. 자리에 앉은 홍 대리는 원고를 들고 집중해서 읽는 척했다. 다른 사람들에게 표정을 들키지 않을 수 있는 가장 좋은 방법이었다. 그런데 누군가가 홍 대리의 어깨 너머로 얼굴을 디밀고 말했다.

"뭘 그렇게 열심히 봐?"

깜짝 놀란 홍 대리가 돌아보자 유성이 보였다. 유성은 반 년 전부터 일본문학 파트에서 팀장으로 일하고 있었다. 홍 대리의 대학 선배라 다른 동료들보다 친하게 지내고 있었지만, 문학 파트 사무실은 한 층 위라 매일없이 얼굴을 보기는 힘들었다.

"아, 선배."

홍 대리는 반가워하며 생각보다 목소리를 크게 냈다. 마치 천군만마를 얻은 것 같은 느낌까지 들었다.

"왜 이렇게 반가워해?"

"좋아서 그러죠."

"이렇게 환영해 주니 맛있는 커피를 사주마."

유성이 그녀를 데리고 간 곳은 빌딩 옥상에 있는 하늘 정원이었다. 일하는 사람들의 편의를 위해 조성한 공원이지만 엘리베이터를 타고 오르내리는 게 귀찮아 그녀는 잘 이용하지 않았다.

둘은 옥상정원 벤치에 나란히 앉았다. 멀리 내다보이는 풍경엔 산과 건물과 길이 있었지만 사람은 없었다. 눈에 보이지 않을 정도로 작으니 사람이 다녀도 잘 보이지 않았다. 그녀는 그런 풍경조차 마음에 들지 않았다. 보이지 않을 정도로 작은 존재, 그건 바로 그녀 자신의 자화상 같은 거였다.

"배 대리가 속 썩여?"

홍 대리는 몹시 놀란 나머지 동그랗게 눈을 뜨고 유성을 쳐다봤다.

"내가 널 모르냐? 선배 된 도리로 눈치 정도는 채고 있어야지."

"놀랍다. 그 눈치."

"세상을 눈치로 산다. 나는."

유성의 말에 홍 대리는 소리 내어 웃었다. 농담처럼 말했지만 일부분 진실이기도 했다. 대학 시절부터 유성은 빠른 눈치로 다른 남자들에 비해 세심하다는 평을 얻고 있었다. 무디지 않고, 배려하는 자세는 그의 전매특허이기도 했는데, 그 때문에 여자들에게 인기도 많았다.

"며칠 전에 헤어졌어요."

"뭐? 어쩌다가?"

"그렇게 됐어요."

"그래서 표정이 어두웠구나……."

"지나간 일인걸요. 더 말하고 싶지도 않아요. 선배는 어때요? 일본문학 파트로 옮긴 뒤에는 별로 만나지도 못했잖아요."

"왜 아쉬워? 멀리 떨어져 있는 것도 아닌데."

"일이 다르잖아요. 선배에게 아직 배울 것도 많은데."

"그럼 이쪽으로 올래? 편집자가 한 명 더 필요한데."

홍 대리는 유성의 제안에 솔깃했지만 일본어를 못해서 그럴 수는 없다고 했다.

"일본어는 몰라도 돼. 알면 좋겠지만……. 어차피 번역은 전문가들에게 맡기는 거니까."

"괜히 민폐만 끼칠 것 같아 그래요. 그런데, 일본어는 배우기 쉬워요? 선배는 어쩌다가 배우기 시작한 거예요? 예전에는 영어만 열심이더니만."

"다른 언어에 비해 발음이 그렇게 까다로운 편이 아니라 독학하는 것도 괜찮겠다 싶어 해보기로 했던 거야. 그런데 사실은 좀 더 깊은 이유가 있지."

유성은 그렇게 말하며 의미심장한 웃음을 띠었다.

"어, 다른 이유가 있어요? 뭐예요?"

유성은 홍 대리의 질문에 잠시 머뭇했다. 그리고 말을 하려는 찰나에 홍 대리의 핸드폰이 울렸다.

"어, 이 주아 선생님이네. 잠깐만요. 선배."

홍 대리가 전화를 받자 수화기 저편에서 맑고 고운 여자의 음성이 들렸다. 그녀는 수업 중이라 전화를 받지 못했다고 정중하게 양해를 구했다.

"괜찮아요, 선생님. 미팅을 한번 했으면 하는데요. 네. 네. 아, 그럼 제가 가야죠. 네. 이틀 후에 뵙겠습니다."

홍 대리는 전화를 끊은 뒤 유성을 돌아보며, "무슨 얘기하다 말았죠?"라고 물었다.

"일본어를 하는 이유를 물어서 내가 그 답변을 하려던 중이었어."

"아, 맞다. 어쩌다 하게 됐어요?"

"사연이 좀 길다. 나중에."

유성이 그렇게 말하니 홍 대리는 더욱 궁금해졌다. 하지만 캐묻기보다는 기다려주는 배려도 필요하다고, 그렇게 생각하며 그저 알겠다고만 말했다.

옥상 정원에서 기분 전환이 된 홍 대리는 자신의 자리로 돌아와 이 주아의 나머지 글을 읽기 시작했다. 아무래도 음식 여행이 주제이다 보니 독특한 음식의 맛을 묘사하는 부분이 많았다. 그런 부분을 읽을 때에는 괜히 허기가 져서 입맛을 다시곤 했다. 그러다 홍 대리는 저자가 일본어를 배우면서 깨우치게 되었다는, 문장 하나에서 눈길을 멈추었다.

익힌 만큼 말을 했다.

익힌 만큼? 홍 대리는 고개를 갸웃거리며 그 뒷글을 읽어 보았다.

일본어를 배우다 보면 이것저것 하고 싶은 말이 많아지기 마련이다. 하지만 욕심을 부리지 않고 꾹 참을 필요가 있었다. 공부한 부분까지라도 제대로 구사하는 것이 내 목표였기 때문이다.

그렇구나. 홍 대리는 고개를 끄덕였다.

익힌 만큼이라?

생각해 보면 학교에서 배운 영어도 익힌 만큼 구사할 수 있었다면 어느 정도 생활 회화는 가능했을 것이다. 그렇게 하지 못했기 때문에 오랜 시간 영어를 배우고도 말 한마디 제대로 하지 못하는 게 아닐까.

언어뿐만이 아니다. 홍 대리는 문득 그런 생각이 들었다. 일에서도 사람과의 관계에서도, 익힌 만큼이라도 제대로⋯⋯.

그러고 보니 홍 대리는 자신이 가지고 있는 것조차 제대로 활용해 본 적이 없었다. 그동안 살면서 아무것도 가지지 않았을 리 없는데 그걸 알아차리고 그것을 써먹는 방법조차 모르고 있었다.

'내가 가지고 있는 것이 있기나 한가? 아무것도 없다면⋯⋯. 뭔가 하나라도 가지기 위해 노력해야 하는 게 맞겠지? 그런데 뭘 하는 게 좋을까?'

금요일 저녁의 거리는 뭔가 바쁘고 들떠 보였다. 홍 대리도 그 속에 스르르 들어갈 수 있으면 좋겠다고 생각했다. 흥겹고 즐거운 시간을 보내고 싶었던 것이다. 그런 열망과 달리 그녀는 누구 하나 만날 사람도 없어 집으로 가는 수밖에 없었다. 허전했다. 아무리 생각해도 그냥 들어가면 우울 모드로 전환될 것만 같았다.

결국 그녀는 핸드폰 주소록을 뒤지기 시작했다. 주소록에 올린 이름은 많았지만 대부분 저자이거나 인쇄소 사람들이었다. 몇몇 친구는 유부녀가 되어버린 터라 감히 나오라고 할 수도 없었다.

"쳇."

홍 대리는 핸드폰을 가방 속에 집어넣어 버리고는 별 수 없이 전철역 쪽으로 걸음을 옮기다 사거리 횡단보도 앞에 서 있는 남녀를 발견했다.

신남과 세련이었다. 그들은 팔짱을 낀 채 뭐가 재미있는지 깔깔거리며 웃고 있었다.

홍 대리는 감전된 것처럼 따끔거리는 가슴을 부여잡았다. 그들의 모습을 매일같이 한 사무실에서 봐야 한다는 생각이 들자 도저히 견딜 수가 없었다. 홍 대리는 조금 떨리는 손을 가방 속에 넣어 핸드폰을 집어들고는 유성에게 문자 메시지를 보냈다.

📱 선배. 내일 아침에 옥상에서 봐요. 할 말이 있어요.

상처 받은 만큼 일본어가 채워줄 거야

"일본문학 파트에 편집자가 필요하다고 했죠? 제가 들어가도 괜찮을까요?"

유성에게 테이크아웃 커피전문점에서 구입한 커피를 건네주며 홍 대리는 본론부터 꺼냈다.

"그렇긴 하지만……. 그쪽 일은 마무리가 다 된 거야?"

유성은 홍 대리의 문자를 받았을 때 예상을 했는지 담담하게 물었다.

"지금 맡은 책은 〈일본 음식 기행〉이란 책인데 마무리 단계거든요. 다른 일은 기획 단계라 다른 편집자에게 인계하면 되고요."

"그래?"

"네. 그러니까, 편집장님께 잘 말씀드려서 옮기도록 해주시면 안 될까요?"

"배 대리랑 같은 층에 있는 게 그렇게 싫어?"

"네."

"그래?"

"그래요."

유성은 잠시 홍 대리를 본 뒤 고개를 끄덕였다.

"그런데, 진짜로 일본어를 못해도 괜찮아요?"

"상관없지만 대신 이런 건 있지. 너도 편집자라 알겠지만 폭이 좀 좁다고나 할까. 일본어를 안다면 출간할 책을 선택할 때 폭이 좀 더 넓어지지. 원본을 읽을 수가 있으니까. 또, 그래야 좋은 책도 다른 출판사보다 빠르게 찾을 수 있고."

"그렇죠. 그렇긴 하죠."

"일본어를 알면 능력 발휘를 하기가 더 쉬워."

홍 대리는 세련이 중국어로 유창하게 통화하는 장면을 떠올렸다. 출판사에 들어온 지 1년 밖에 안 됐지만 그녀는 능력을 인정받고 있었다. 외국어를 잘하기 때문만은 아니었다. 외국어를 잘하기 때문에 그녀만이 해낼 수 있는 일들이 많아서였다.

홍 대리는 다른 팀으로 이동하는 것 이상의 것을 원했다. 표면적으로는 홍 대리가 신남에게 이별 통보를 한 것처럼 되어버렸지만 사실은 자신이 아웃당한 거라는 걸 모르지 않았다. 신남이나 세련에게 보란 듯이 잘 해내고 싶었다. 그리고 무엇보다 그들에게 상처받은 자존심을 다른 무언가로 채우고 싶었다. 그렇지 않으면 몹시 힘든 시간을 보내야 할 것만 같았다.

'그래. 일본어야. 일본어를 해보자. 그럼 시간도 잘 갈 거고, 일에도 도움이 되겠지.'

그런 생각이 들자 홍 대리의 마음은 한결 편해졌다. 그리고 앞으로 새롭게 공부할 생각을 하니 기운도 났다.

"대충 일하고 싶지 않아요. 이왕에 하는 거 좀 더 잘 하고 싶어요. 아주 멋지게."

홍 대리가 그렇게 말하자 유성은 웃음을 터뜨렸다.

"진지하게 말하는데, 왜 웃어요?"

"뜬금없어서. 나한테 맹세하는 것도 아니고."

"맹세 맞아요. 일본문학 파트 팀장님. 진짜 잘 해낼 거예요."

"그래. 기대할게."

"기대하세요. 일본어도 완벽하게 구사해 내고 말테니까."

홍 대리는 당장 오늘 일본어 학원에 등록하기로 결정했다. 쇠뿔은 단김에 빼라고, 뭐든 마음먹었을 때 행동으로 옮기고 싶었다.

일본어 학원은 걸어서 20여 분 정도가 걸리는 거리에 있었다. 전철역을 지나 큰 길을 따라 쭉 걷다가 사거리에서 오른쪽으로 빠져 또 그만큼 걸어야 했다. 차를 타고 이동을 하지 않으려면 그곳밖에 없었기 때문에 다른 데 둘러볼 것도 없이 그냥 등록하기로 했다.

"기초 과정은 3개월치를 선입금 하시면 10퍼센트 할인돼요. 그렇게 하시는 게 좋지 않겠어요?"

여직원의 말에 홍 대리는 솔깃했다. 10퍼센트 할인되면 돈도 아낄 수 있을 뿐만 아니라 이미 낸 학원비가 아까워서라도 중간에 멈추는 일은 없을 것 같았다.

"카드 결제도 되죠?"

이왕 시작하는 거 제대로 해보자는 생각에 홍 대리는 거리낌 없이 카드를 내밀었다.

일본어 학원을 나서는 홍 대리의 발걸음은 홀가분했다. 학원에 등록한 것만으로도 일본어를 반 이상은 배운 것 같은 느낌마저 들었다. 일본어를 유창하게 구사하는 자신의 모습을 그려보니 흐뭇하기까지 했다.

'흥. 두고 보라지. 일본문학 편집자 하면 이 홍 미래의 이름이 먼저 떠오르게 할 거야. 김 세련도 해내는 일을 내가 못할 건 뭐야? 열심히만 하면 못할 게 없지. 그래, 열심히. 무조건 열심히. 아자! 힘내자, 홍 미래.'

"다음 주 월요일부터라고?"

자판기에서 뽑은 커피를 건네주며 유성이 말했다.

"네. 학원에 가기 전에 어떤 공부를 해두는 게 좋을까요?"

"공부라."

유성은 홍 대리의 말을 반복하며 노인처럼 눈을 감았다.

"아이 참. 선배. 노하우가 있음 가르쳐 달라니까요."

"시작도 하기 전에 노하우부터 가르쳐 달라고?"

"그런가? 그래도 뭔가 다른 사람들보다 빨리 습득할 수 있는 방법 같은 게 있지 않을까요? 아니다. 선배는 어디서 어떻게 공부했어요? 이렇게 물어야 좀 구체적인가?"

"다른 사람들이 공부하는 방법이 어떤지 모르겠다."

"혹시……. 독학으로 공부했어요?"

"글쎄. 공부라기보다는……. 공부라고 생각한 적이 없어서. 그냥 즐거운 놀이 같은 거였어. 지금도 그렇고."

"놀이라. 그런데도 일본어를 습득할 수 있어요? 선배. 일본어 수준이 어떻게 돼요?"

"왜, 기초에서 헤매고 있을까 봐. 생활 회화는 가능해. 어려운 글을 번역할 수준은 안 되지만."

홍 대리는 눈을 동그랗게 뜨고 유성을 가만 쳐다봤다.

"의외예요. 선배."

"하하. 너무 조급해하지 마. 뭐든 열심히 하는 건 좋은데, 초장부터 열정만 앞서면 힘이 빨리 떨어지잖아."

'일본어 공부를 놀이처럼 하다니……. 그런 게 가능한가?'

그렇게 생각하는 홍 대리의 머릿속에 무언가 빠르게 스치고 지나갔다.

"일본어는 왜 하기 시작한 거예요? 저번에 말 안 해줬잖아요."

유성은 머쓱하게 웃었다.

"예? 예?"

홍 대리가 조르자 유성은 못 이기겠다는 듯 조용히 말을 꺼냈다.

"사실, 청첩장 돌리기 전까지 비밀로 하기로 했는데."

"결혼해요?"

"그래."

"그런데 그거랑 일본어랑 무슨 상관……. 아! 그녀가 일본인이구나."

뒤늦게 깨달은 홍 대리는 입을 다물 수가 없었다. 유성이 작년 여름휴가를 일본으로 간 것은 알고 있었다. 교토에서만 일주일 있었다는 말을 들었을 때에도 유성이 전통적인 분위기를 풍기는 도시를 좋아해서 그런 것이라고만 생각했다.

"그럼 그때 여행에서 만난 거예요?"

"간사이 지역을 다 둘러볼 생각이었는데 둘째날 교토에서 만났지. 매일 그 사람이랑 만난다고 다른 지역으로 갈 수가 없었어."

"우와. 진짜 능구렁이다. 그걸 이제야 말해줘요?"

"장거리 연애잖아. 어떻게 될지도 모르는데 말해놓고 헤어져버리면 뒷감당이 힘들잖아."

유성의 말을 듣고 보니 홍 대리는 자신이 그 입장이라도 그랬을 것 같다는 생각이 들었다.

"그럼 그분이랑 대화를 하기 위해서 일본어를 하신 거예요? 로맨티스트네."

"아냐. 시작은 그전에 이미 했지. 너도 알다시피 그때부터 일본문학 파트에 있었잖아. 그녀를 만나고 나서 더 잘하게 된 거야. 매일 전화 통화를 하다 보니 나도 모르게 입에 붙더라고."

"그래서 재미있다고 한 거군요."

"그러니까 딱히 다른 방법은 없고, 굳이 말하자면 현지인과 대화 정도?"

유성의 말을 듣고 보니 현지인과 친구가 되는 게 가장 빠른 길일 것 같기는 했다. 하지만 지금의 홍 대리가 할 수 있는 일은 아니었다. 아무나 붙잡고 일본어 공부를 하고 싶으니 친구가 되어 달라 할 수도 없는 노릇이고, 또 그렇게 말할 정도의 실력도 없었다.

"아, 참. 보자고 한 이유를 아직 말 안 하고 있었네. 3주 뒤에 우리 파트로 옮기면 돼. 그 정도 시간이면 그쪽 일을 다 정리할 수 있겠지?"

"네. 그전에도 정리할 수 있는데."

"뭐든, 너무 조급하게 생각하지 마. 다른 파트로 옮기는 건데 사실 그 정도 시간은 필요하잖아."

"그야 그렇지만……."

홍 대리는 신남과 세련이 있는 사무실에서 3주나 있을 생각을 하니 갑갑했다.

"일하랴, 학원 다니랴 바쁠 거야. 배 대리가 눈에 보이겠냐?"

홍 대리의 마음을 눈치 채고 유성이 그렇게 말해주었지만 그녀는 여전히 시무룩한 표정을 짓고 있었다.

일본어 공부를 재미있게, 놀이처럼

일본 문학 파트로 옮기기로 결정한 이상, 홍 대리는 자신이 맡고 있는 일을 빨리 처리하기로 했다. 제일 먼저 한 일은 〈일본 음식 기행〉 필자인 이 주아와 약속을 잡은 것이었다.

이 주아는 강남에 있는 일본어 학원에서 강사로 일하고 있었다. 수업시간이 오전과 정오, 오후로 나뉘어 있어 다른 지역으로 오가는 것에 여유가 없다고 했다. 그래서 홍 대리가 직접 학원까지 찾아가기로 했다.

출퇴근 시간을 비켜간 전철은 북적대지 않아 좋았다. 자리를 잡고 앉은 홍 대리는 가방에서 이 주아의 이력이 쓰여 있는 종이를 꺼냈다. 만나기 전에 한 번은 읽어봐야 할 것 같아 나오면서 출력을 해두었던 것이다.

이 주아. 강남 일어센터 강사.

전문대학교 무역학과를 졸업하고 돈을 벌고 싶다는 막연한 목표 하나로 화장품 외판사원에 도전한다. 화장품을 팔기 위해 방문한 일본어 학원에서, 일본어 통역사들의 월 수입이 영업사원의 두 배가 넘는다는 사실을 알게 되면서 일본어 공부를 시작한다. 일본어 학원 경리로 일하면서 공부하던 중 휴강하는 강의실에서 대신 수업을 하게 되면서 강사의 길로 들어선다.

일본어를 가르치면서 자신의 능력에 대한 한계를 느껴 무작정 일본으로 향한다. 스스로 학비를 벌어 생활하면서 일본 동양대학교 일문학과 학사와 석사 과정을 마친다.

평범한 이력이 아니었다. 홍 대리는 이 주아라는 사람에 대해 흥미를 느꼈다. 그리고 곧 만난다고 생각하니 괜히 마음이 들떴다.

한국에 돌아와 강남 일어센터에서 강의하면서 학생들에게 일본어 학습 노하우를 전수하고 있으며, 치열하게 살아가는 삶의 열정을 전하고 있다. 단어를 모르면 듣기나 말하기를 포기해 버리는 일반적인 학습 습관을 버리고 앞뒤 상황을 관찰하고 이해하면서 일본어를 습득할 수 있는 지혜를 전수하는 데 중점을 둔 강의를 하고 있다.

'우와. 이 분에게 강의를 들으면 좋겠다.'

홍 대리는 정말 그러고 싶었다. 하지만 집은 일산에, 사무실은 홍대에 있는데 강남까지 오가며 수업을 들을 수는 없었다.

평소 음식에도 조예가 깊었던 저자는 일본 유학 시절부터 음식 기행을 한다. 맛있거나 독특한 음식을 소개하는 데에만 그치지 않고 일본어 학습에 대한 잘못된 경험이나 그 경험을 통해 깨달은 사실들을 전하고자 〈일본 음식 기행〉을 쓰게 된다.

이 주아 선생의 이력을 다 훑어본 다음 홍 대리는 차창 밖을 내다보았다. 보다 나은 삶을 위해 이분이 얼마나 많은 일들을 했는지, 자신과의 싸움에서 어떻게 이겨나갔는지 엿볼 수 있는 이력이었다.

함께 작업을 하다 보면 배울 점이 많은 사람일 것이다. 누군가 출판사를 직장으로 두었을 때 가장 좋은 점을 꼽으라고 한다면, 홍 대리는 바로 이런 사람들과 만날 수 있는 기회를 가지는 것이라고 말했을 것이다.

학원은 역에서 멀지 않았다. 강의실로 들어서자 이 주아 선생이 바로 알아보고 자리를 권했다. 그녀의 동작이나 말투에는 활기가 넘쳤다. 홍 대리는 그녀의 그런 부분이 무척 마음에 들었다. 그녀와 있으면 자신도 긍정적인 에너지를 가질 수 있을 것 같았다.

"미안해요. 여기까지 오시게 해서."

"아닙니다. 사무실에만 있어서 갑갑했던 차였는걸요."

홍 대리는 담당 편집자로서 초고에서 조금 수정했으면 좋겠다고 생각한 부분을 말했다. 이 주아는 홍 대리의 말을 주의 깊게 들으며 수정할 부분을 체크했다.

"저도 일본어를 공부하려고요."

원고에서 수정할 부분이 그리 많은 게 아니었기 때문에 일에 대한 이야기는 30여 분 만에 끝났다. 그 뒤에 이런저런 이야기를 하다 홍 대리는 수줍게 고백했다.

"어머. 그러세요?"

"다음 주부터 사무실 근처 학원에 다니기로 했거든요. 그전에 공부를 좀 해두려고 하는데, 좀 빠르게 일본어를 습득할 수 있는 방법이 없을까요?"

홍 대리가 그렇게 묻자 이 선생의 표정이 조금 굳어졌다.

"언어는 단순히 언어로 끝나는 것이 아니에요. 언어에는 그 나라의 문화와 그 나라 사람들의 생활과 생각이 들어 있어요. 그냥 박제된 언어가 아니라 실생활에서 살아 있는 언어를 쓰려면 많은 것들을 이해하고 경험할 필요도 있죠. 센스 있게 습득하는 과정은 있어도 그저 빠르게 어떻게 할 수 있는 게 아니에요. 그런 마음으로는 외국어를 제대로 구사하기 힘들어요."

이 선생은 강사다운 어투로 가르치듯 말해주었다.

"그렇군요."

홍 대리는 왠지 부끄러워서 고개를 들 수가 없었다. 가만 생각해보니 휴게실에서 유성도 아마 그런 말을 하고 싶어 하지 않았나 싶기도 했다.

"학교 다닐 때처럼 시험을 치기 위해 하는 공부가 되어버리면 오래 가지 못해요. 아직 시작하신 거 아니죠? 하다 보면 조금씩 감을 잡을 수 있을 거예요."

홍 대리는 이 선생과 좀 더 많은 이야기를 나누고 싶었지만 학생들이 하나 둘 강의실로 들어오는 상황이라 그냥 갈 수밖에 없었다.

'언어는 언어로 끝나는 것이 아니다. 언어로 가는 길에는 그 나라의 문화와 사람들이 있다.'

이 선생의 말이 계속 머릿속에서 맴돌았다.

'그리고 보면 내가 알지 못하는 세상을 탐험하는 거잖아.'

그런 결론이 나자 홍 대리는 다음 주 월요일 일본어 학원에 갈 일이 몹시 기대가 되었다.

히라가나도 모르는 홍 대리, 독학을 시작하다

2장

지루하지 않게 공부하려면

"죄송합니다."

홍 대리는 콩알만 한 목소리를 내며 강의실로 들어섰다. 그와 동시에 강의실에 있는 모든 사람들의 눈이 홍 대리로 향했다. 강사가 맞은편 벽에 있는 시계 쪽으로 눈길을 돌리자 홍 대리는 미안해서 몸 둘 바를 모를 지경이었다. 강의시간에서 30분이나 훌쩍 넘어 있었던 것이다.

"홍 미래 씨죠?"

강사는 출석부에서 이름을 찾아 물었다. 홍 대리가 고개를 끄덕이자, 강사는 "다음부턴 지각하지 마세요."라고 한 마디 주의를 주는 것도 잊지 않았다. 미소를 짓고 있긴 했지만 강사의 목소리는 단호했다. 홍 대리는 머쓱해하며 비어 있는 자리로 가 앉았다.

"자, 그러니까, 어디까지 말했죠?"

강사가 쾌활한 어조로 묻자 몇몇 학생이 카타카나*에 대해 말할 차례라고 대답을 해주었다.

'카타카나?'

홍 대리는 급하게 책을 꺼내 첫 장을 펼쳤다. 히라가나 다음에 카타카나에 대한 설명이 있었다. 한글의 자음과 모음처럼 일본어를 익히기 위해 제일 처음 배워야 하는 부분일 거라 생각은 했지만, 히라가나를 그냥 넘긴 상황에서 카타카나에 대한 설명을 들으려니 도무지 이해를 할 수가 없었다.

"카타카나는 주로 외래어를 표현하는 데 쓰여요. 히라가나처럼 총 50자지만 반복되는 글자가 있어 46자만 외우면 돼요."

강사는 카타카나의 문자 하나하나를 설명하면서 무조건 외워야 한다는 것을 반복해서 강조했다.

"히라가나와 카타카나를 완벽하게 외우는 게 기본이에요. 그러니까 아무리 오랜 시간이 걸려도 확실하게 암기를 하는 게 좋아요. 자, 그럼 저를 따라 발음해 보세요."

홍 대리는 강사의 말을 따라하며 눈으로는 열심히 문자의 모양새를 살폈다. 히라가나와 카타카나를 외우는 게 첫 목표라면 충분

....

* 외래어표기법상 보통 '가타카나'라고 표기하지만 발음상 '카타카나'가 맞습니다. 이 책에서는 '카타카나'라고 표기합니다.

히 해낼 수도 있을 것 같았다. 어쨌든 시간을 많이 들여 매일 반복해서 보기만 하면 되니까.

그런데 수업 시간 내내 히라가나와 카타카나에 대한 이야기만 듣고 있으려니 지루하기만 했다. 단음이나 촉음 같은 이야기가 나올 때에는 이해조차 하지 못했다.

결국 홍 대리는 자신도 모르게 자꾸만 시계를 흘끔거렸다. 그러다 어느 사이엔가 강사의 음성은 아련한 자장가처럼 들리기 시작했다.

"카타카나는 만요가나에서 쓰던……."

만요? 민요? 어? 그리고 보니 음악소리가 들리네.

홍 대리는 박자에 맞춰 고개까지 끄덕였다.

"홍 미래 씨!"

강사가 갑자기 큰 소리로 이름을 부르는 바람에 홍 대리는 깜짝 놀라 고개를 쳐들었다. 다른 학생들의 킥킥거리는 웃음소리를 들으며 홍 대리는 강사의 얼굴을 멍한 표정으로 쳐다봤다.

"첫 수업에서 조는 학생은 처음이에요."

뭔가 더 말을 하고 싶은 눈치였지만 강사는 애써 참는 듯했다.

"죄송합니다."

첫 수업에서 벌써 두 번이나 사과할 일이 생겨버린 홍 대리는 얼굴도 들지 못하고 조그맣게 중얼거렸다.

집으로 돌아오는 내내 홍 대리는 이 주아 선생을 떠올렸다.

'확실히 그분처럼 자신의 삶을 능동적으로 이끌어가는 사람은 드물지.'

집에 돌아와서도 홍 대리는 바로 공부하지는 않았다. 늦게까지 일한데다 헐레벌떡 뛰어가 학원까지 가서 공부를 했으니 스스로 생각해도 쉬어야 할 필요가 있었던 것이다. 자신에게 휴식을 주는 것도 중요하다고 생각하며 홍 대리는 침대 위에 누워 텔레비전을 봤다.

딱히 볼 만한 프로그램은 없었다. 그런데도 습관적으로 텔레비전 화면에 눈을 박고 리모콘을 만지작거렸다.

이젠 슬슬 일어나 공부를 해볼까, 라는 생각을 할 때쯤엔 눈꺼풀이 스르르 감겼다. 평소엔 새벽 1시까지 깨어 있었지만 오늘 따라 유달리 잠이 와 참을 수가 없었던 것이다. 그런 때에 문자 알림 소리가 들렸다.

📱 오늘 수업 재미있었어?

지우였다.

📱 모르겠어. 암기할 게 많아 머리가 아파.

📱 암기?

📱 히라가나랑 카타카나. 외울 생각을 하니 아득하다.

📱 나도 처음에 공부할 때 그랬어. 문자 외우는 게 어찌나 지루했던지.

지루하다? 홍 대리는 그 문장을 유심히 쳐다보며 중얼거렸다.

'지루해.'

그러고 보니 아주 오랫동안 그 단어와 짝꿍처럼 살아왔던 느낌
까지 들었다.

'지루하지 않으려면?'

아무리 생각해도 지루하지 않게 공부할 방법을 찾을 수가 없었다.

📱 지루하지 않게 공부할 방법이 있을까?

📱 글쎄. 하다 보면 괜찮아지지 않을까? 나도 그랬거든.

📱 그런가?

📱 아, 참. 유식이와 우직이 어제 왔어.

　　네 얘기 했더니 보고 싶다고 하더라.

📱 그래? 나도 보고 싶어. 낼 학원 끝나고 들를게.

📱 그럼 내일 보자.

지우와 문자를 주고받아서인지 잠이 확 달아났다. 홍 대리는 침대에서 나와 책상 앞에 앉았다. 포스트잇에다 문자를 다섯 개씩 쓴 다음 벽에다 붙였다. 한참을 그렇게 하다 보니 어느 새 새벽 2시를 훨씬 넘기고 말았다.

홍 대리는 기지개를 켜며 벽을 봤다. 포스트잇이 붙어 있는 걸 보니 왠지 열심히 공부한 기분이 들었다.

학원 수업 시간을 겨우 지킨 홍 대리는 처음엔 정말 열심히 수업을 들었다. 카타카나까지는 못했어도 히라가나는 제법 암기했다고 생각했다. 그러나 그건 홍 대리의 착각이었다. 문자가 다 비슷하게 보여 뭐가 뭔지 도대체 알 수가 없었다. 결국 수업 시간 내내 문자표를 보며 문자를 찾는 데에만 신경을 쓰느라 강의는 귀에 들어오지도 않았다.

학원을 나온 홍 대리는 한숨부터 나왔다. 다른 학생들은 진도를 잘 따라가는 것 같은데, 어쩐지 자신만 뒤처진 기분이었다.

'머리가 이렇게 나쁜가?'

별로 좋은 머리라고 생각한 적은 없어도 평균은 간다고 여기고 있었다.

'아니면, 집중력이 문제인가?'

기초 단계부터 헤매고 있는 게 정말이지 마음에 들지 않았다. 홍 대리는 그녀의 전매특허인 자책에 빠져 있느라 잔뜩 풀이 죽었다.

터덜터덜 걸어 지우의 작업실에 도착한 홍 대리는 애써 밝은 표정을 지으며 문을 열었다.

작업실 안에는 지우 말고도 남자 두 명이 더 앉아 있었다. 사진에서 보았던 대로 유식은 도수가 꽤 높아 보이는 안경을 쓰고 있었다. 그는 지우의 옆에 꼭 붙어 앉아서는 무언가를 말하는 중이었다. 그 맞은편에 앉아 있는 남자는 우직이었다. 그는 서글서글한 인상이었는데 홍 대리를 보자마자 놀란 표정을 지었다.

"어서 와."

지우는 홍 대리를 반갑게 맞이하며 다른 두 사람을 소개해 주었다. 홍 대리의 예측은 맞았다. 그녀는 유식에게 만나고 싶었다며 너스레를 떤 다음 우직에게도 인사를 건넸다.

"혹시, 저 기억 안 나요?"

우직이 물었다.

"네?"

홍 대리는 당황했다. 아무리 생각해 봐도 사진에서 본 것 외에는 그를 만난 기억이 없었다.

"뭐야? 만나자마자 작업 거냐?"

지우가 픽 웃으며 핀잔을 줬다.

"저번에 홍대 전철역에서 부딪힌 적이 있어서 그래. 아, 유식이 넌 알겠다. 왜, 일본 가는 날. 어떤 사람이랑 부딪혔다고 말했잖아."

우직이 유식에게 도움을 요청했다.

"아, 그 귀걸이!"

유식이 의미심장하게 웃으며 말했다. 그제야 홍 대리는 '아' 하고 자신도 모르게 짧은 탄성을 내질렀다.

지각하지 않으려고 뛰던 날 귀걸이 한쪽을 잃어버렸다. 그 사실을 눈치챈 건 점심시간이 다 되어서였다. 화장실 거울을 보다 귀걸이가 한쪽 귀에만 걸려 있는 것을 발견한 것이다. 어디서 잃어버렸는지 알 수가 없어서 그냥 찾는 걸 포기해 버렸는데, 그때 그와 부딪히면서 떨어졌다는 걸 이제야 알게 된 것이다.

"그럼 그때······."

홍 대리는 반갑기도 하고 민망하기도 해서 어찌할 바를 몰랐다.

"무슨 이런 일이 다 있대? 둘이 운명인 거야?"

지우가 농담을 던졌다. 우직이 귀까지 빨개져서는 홍 대리의 얼굴을 쳐다보지도 못하고 지우의 옆구리를 살짝 쳤다.

"왜, 사람을 쳐?"

지우가 재미있어 죽겠다는 듯 계속 놀리자 우직은 홍 대리의 귀걸이를 아직 가지고 있으니 가져다주겠다며 옆방의 작업실로 가버렸다.

"재가 수줍음이 많아. 그래도 무슨 일이든 한번 시작하면 끝장을 보는 성격이라니까. 그래서 우리들 중에 일본어도 제일 잘해."

지우가 웃으며 말했다.

"그래?"

일본어라는 말에 귀가 번쩍 뜨인 홍 대리가 되물었다.

"저번에 말 안 했나? 우리들, 일주일에 두 번 일본어 스터디 한다고."

지우가 말했다.

"지우에게 들었어요. 미래 씨도 공부 시작하셨다면서요?"

점잖게 앉아 있던 유식이 물었다.

"아, 네. 며칠 안 됐어요."

"우리랑 스터디 할래?"

지우가 권했다. 홍 대리도 그렇게 하고 싶기는 했다. 하지만 아무리 생각해 봐도 수준 차이가 많이 나 합류하기는 힘들 것 같았다.

"이제 시작 단계잖아. 내가 끼면 민폐야. 수준 차이가 많이 나서 힘들걸. 나중에 좀 더 잘하게 되면 그때 끼워줘."

홍 대리는 솔직하게 말했다.

"그래. 그때를 기다리마."

지우는 흔쾌히 대답했다.

학원을 다니기 시작한 지도 2주가 되었다. 그런데도 홍 대리는 학원을 가기 전이나 다름없이 일본어에 대해 아는 것이 없었다. 그도 그럴 것이 부서를 이동하는 바람에 그전보다 분주했다. 유성이 꽤 많은 도움을 주었는데도 따로 시간을 내 업무를 파악하느라 지각과 결석을 하도 많이 해 사실 제대로 들은 수업은 서너 번도 되지 않았다.

오늘만 해도 수업 시간이 30여 분이나 지나서 강의실에 들어섰다. 강사는 못마땅한 표정을 지을 뿐 별다른 주의를 주지 않았다. 지각도 한두 번이지, 매번 지각하는 학생에게 주의를 줘봤자 소용없다고 생각하는 듯했다. 민망해하며 홍 대리는 빈자리로 가 앉았다.

처음 몇 분 동안은 강의에 집중하려 했다. 그러나 하루 종일 쉴 틈 없이 일하느라 피곤한 몸을 가눌 수가 없었다. 결국은 책을 보는 척하며 눈을 감아 버렸다.

"ミレさん、今日、晩御飯何を食べましたか。"(미래 씨. 오늘 저녁은 무엇을 먹었습니까?)

강사가 물었다. 강의실에 있는 학생들에게 돌아가며 질문을 하고 있었지만 홍 대리는 그조차도 알지 못하고 있었다.

"미래 씨."

강사가 두어 번이나 더 이름을 부른 다음에야 고개를 든 홍 대리는 그제야 당황해서 주위를 둘러봤다.

"미래 씨. 지각에다 결석하는 건 그렇다 쳐요. 그런데 어쩌다 수업에 들어와서는 집중을 하지 않고 있으니 공부할 마음이 있는 거예요? 다른 학생들에게도 피해를 주고 있잖아요. 이럴 거면 학원은 왜 오는 겁니까?"

몇 번이나 하고 싶은 말을 참고 있었던 강사는 결국 화를 내고 말았다. 수업 분위기를 자신이 망치고 있다는 걸 홍 대리도 모르는 바는 아니었다. 하지만 스무 살을 갓 넘긴 학생들도 많은 강의실에서 서른 줄에 있는 자신이 야단을 맞는 게 부끄러웠다. 아니, 그 정도를 넘어서 모멸감을 느낀 나머지 눈물이 날 것 같았다.

"아니, 미래 씨."

결국 뚝뚝 눈물을 흘리는 홍 대리를 강사는 당황스럽게 바라봤지만 위로할 생각조차 하지 않았다. 오히려 한심해 죽겠다는 표정을 지었다. 다른 학생들도 의외의 사태에 수군댔는데 대체로 홍 대리의 태도를 이해하지 못하겠다는 분위기였다.

"죄송합니다."

홍 대리는 가방을 챙겨들고 일어났다. 더 이상 있다간 강의실 분위기를 완전히 흐려놓을 것만 같았다.

학원을 나온 홍 대리의 발걸음은 자연스럽게 지우의 작업실로 향했다. 잠깐이라도 들러 얼굴을 보는 게 습관처럼 되어버린 터라 그냥 집으로 가는 게 오히려 이상할 지경이었다. 더군다나 오늘처럼 우울한 날이면 더욱 그랬다.

지우의 작업실에는 유식과 우직도 있었다. 그들은 홍 대리의 이야기를 대충 듣고는 유쾌하게 위로해 주었다.

"3개월이나 끊었는데, 이젠 창피해서 그 학원에 못 갈 거야. 진짜, 울긴 왜 울었는지 몰라. 아, 민망해. 이제 어쩌지? 주위엔 다른 학원도 없는데."

홍 대리가 투덜거렸다.

"꼭 학원에서 배울 필요는 없지 않을까요? 일본어는 독학으로 공부하는 것도 괜찮은데. 시도해 보는 게 어때요?"

가만 듣고만 있던 유식이 말했다.

"그렇구나. 무언가를 배우기 위해선 학원부터 가는 걸 당연하다고 생각해 다른 방법은 찾아보지도 않았네요."

그렇게 대답하는 홍 대리의 머릿속에 얼핏 이 주아가 스치고 지나갔다.

'그 선생님에게 가르침을 받으면 좋을 텐데……'

아무리 생각해도 아쉬웠다.

'그분의 코치를 받을 수 있는 방법이 없을까? 밑져야 본전인데……. 말이라도 해볼까?'

제대로 할 수 있는 게 하나라도 있었으면

이 주아는 탈고를 끝낸 상황이라 책이 나올 때까지 볼일은 딱히 없었다. 그러나 홍 대리는 그녀 나름으로는 어려운 결정을 내리고 이 주아의 수업이 끝날 시간에 맞춰 강남에 있는 학원을 찾아갔다.

학생들이 다 빠져나간 강의실에서 이 주아는 교재를 정리하고 있었다.

"어머, 홍 대리님. 어쩐 일이에요?"

강의실 문 앞에서 망설이고 있는 홍 대리를 발견하고 이 주아가 물었다.

"선생님을 뵙고 드릴 말씀이 있어서요."

홍 대리는 어색하게 웃으며 말했다.

"책이 벌써 출간된 건 아니죠?"

"네, 그건 아직……."

"그럼 어쩐 일로……?"

이 주아는 고개를 갸웃거렸다. 딱히 연락할 일도 없는데 왜 찾아왔는지 모르겠다는 표정이었다.

"저의 스승이 되어 주세요."

정말이지 이건 홍 대리가 준비한 말이 아니었다. 논리적으로 차근히 말해 설득할 생각이었다. 그런데 불쑥 튀어나온 말이라니. 홍 대리는 깜짝 놀란 나머지 자신의 입을 틀어막고 두 눈을 동그랗게 뜨고는 이 주아의 반응을 살폈다.

이 주아는 처음에 홍 대리의 말이 무슨 의미인지 알지 못하겠다는 표정을 지었다. 그러나 곧 홍 대리의 의도를 알아채고 픽 웃음을 터뜨렸다. 홍 대리의 얼굴이 벌겋게 달아올랐다.

'그렇다고 비웃을 것까지야.'

속이 상한 나머지 홍 대리는 준비한 말을 하나도 내뱉지 못하고 목석처럼 서 있었다.

"하하. 아, 미안해요. 스승이라니. 요즘 그런 말 잘 안 하잖아요."

이 주아는 아예 대놓고 웃어댔다.

"그러게요……."

중얼거리는 말과 달리, 머릿속에선 '아니, 스승이지. 암. 그럼 스승이 아니고 뭐야?'라는 생각이 들었다. 그래서 다시 용기를 내어 홍 대리는 한 번 더 말했다.

"스승이 되어 주세요."

그제야 웃음을 뚝 그친 이 주아는 진지하고 날카로운 표정으로 홍 대리를 쳐다봤다. 홍 대리는 움찔했다. 그런데도 입은 절로 움직였다.

"스승이 되어 주시면 안 될까요?"

정말 마지막 용기까지 짜내어 말했지만 이번엔 풀 죽은 배추처럼 말에 힘이 없었다. 이 주아는 그녀를 잠시 바라보다 천천히 입을 열었다.

"제가 왜요?"

생각해 보면 홍 대리는 단 한 번도 쉽게 무언가를 가진 적이 없었다. 어릴 때 오빠는 장손이라 대접받고 여동생은 막내라고 귀여움을 받는 모습을 보며 질투심만 길렀다. 중고등학교 때에도 남들보다 더 열심히 공부하며 무진장 애를 썼지만 성적은 늘 중상위권 정도만 유지했다. 재수를 해서 겨우 들어간 대학에서는 성실하게 출석하고 꼬박꼬박 리포트도 제출했지만 학사경고만 면할 정도의 성적밖에 받지 못했다.

'공부하는 센스가 없는 거지.'

흔히 말하는 스카이^{SKY}대를 나온 오빠는 간략하게 정리해 주었다.

센스는 공부 외의 것에도 없었다. 학교를 다닐 때는 몰랐지만 막상 사회생활을 해보니 자신이 정말 그렇다는 것을 알게 되었다.

잡생각은 많고, 자신감은 없고. 그나마 가진 특기라는 게 자기비하였으니. 아무리 생각해도 홍 대리는 자기 자신을 사랑할 구석이 없다는 생각이 들었다. 그래서 더욱 일본어에 집착하고 있는지도 몰랐다.

'이왕에 마음먹은 것, 제대로 해낼 수만 있다면. 좀 더 자신감을 가지게 되지 않을까.' 이런 막연한 생각이 현실성이 있는지 사실조차 가늠하지 못하고 그냥 달라붙었던 것이다.

'휴.'

마음이 어찌나 무거웠던지, 홍 대리는 발걸음 하나에 한숨 하나를 붙이며 전철역으로 향했다.

'휴. 강남역에서 화정역까지라니.'

갈 길이 몹시 멀었다.

"하하하. 스승이 되어 주세요, 라니."

유성은 어이가 없다고 덧붙였다.

"아침부터 비웃지 말아요."

홍 대리는 입술을 삐죽 내밀고 말했다.

"그 사람은 직업 강사잖아. 그런데 뭣 때문에 널 가르치겠냐?"

조금 전 얼굴 가득 웃음을 띠었던 것과 달리 유성은 진지하게 말했다.

홍 대리는 한숨을 내쉬며 커피 한 모금을 마셨다.

"으. 맛없어."

"자판기 커피가 그렇지. 게다가 다 식어 빠졌으니 오죽하겠냐."

유성은 그렇게 말하며 담배를 피워 물었다.

"아침의 옥상 정원은 공기가 좋구나 생각하고 있었는데. 선배 때문에 그것도 물 건너가겠어요."

"봐줘. 모닝 담배는 피고 내려가야지."

홍 대리는 난간 쪽으로 갔다. 난간에서 아래를 내려다보니 24층의 높이가 실감이 났다. 잘못해서 떨어지기라도 한다면 육체뿐만이 아니라 영혼도 산산조각 나 버릴 것만 같았다.

"선배."

홍 대리는 돌아보지도 않고 유성을 불렀다.

"왜?"

"선배는 사람을 끄는 매력이 있어요. 세심하고 배려심이 있죠. 그건 다른 사람의 마음을 알아채기 때문이죠? 누군가의 마음을 읽고 그 사람이 원하는 것을 짚어나가는 기술이 있는 거예요. 그렇죠?"

"무슨 말을 하려고 비행기를 띄우시나?"

"그 선생님이 저를 가르치게 할 수 있는 방법 없을까요?"

"흠. 그 이야기군. 좋다가 말았네."

"앞에 한 말은 진심인걸요. 대학 때 여자애들 사이에 그런 평가를 얻었죠."

유성은 기분 나쁘지는 않다는 듯 웃었다. 그리고는 홍 대리가 있는 쪽으로 다가가 그 옆에 섰다. 그 역시 빌딩 아래를 내려다보며 깊은 생각에 잠겼다.

"뭔가를 절실히 원한다면 이루어지기 마련이라는 말을 들은 적 있지?"

"하지만 난 그런 말 믿지 않아요. 이루어지지 않는 건 절실히 원하지 않아서, 라는 말이 되잖아요."

"그렇긴 해. 세세하게 따지고 들면 어폐가 있어. 하지만 말이야. '절실히 원한다'에는 조건이 붙어 있어."

"무슨 조건?"

"원하는 것을 위해 행동하고 노력하는 것. 그래야 '절실하다'는 말이 설득력을 가지지."

홍 대리는 별 말 없이 고개만 끄덕였다. 듣기 좋은 말이긴 했다. 하지만 '어떻게 행동할 것인가'를 알 수 없기 때문에, 그 방법이 없겠냐고 물었던 것이다. 그런데 유성은 전혀 도움도 되지 않는, 누구나 그냥 할 수 있는 말만 하고 있었다.

"그래서 말인데."

'아, 이제야 본론으로 들어가나 보다.'

그렇게 생각한 홍 대리는 유성의 말에 귀를 기울였다. 그 모습이 하도 진지해 유성은 그녀의 이마를 가볍게 쳤다.

"이 자세가 문제인 거야."

"예?"

영문을 알 수 없어 그녀는 동그랗게 눈을 뜨고 쳐다봤다.

"코뿔소처럼 무조건 들이민다고 될 일이 아니야. 저돌적으로 다가가면 상대는 피하기 마련이지. 뭐든 물처럼 자연스럽게, 유연하게. 알간?"

"그러니까, 그게 무슨 뜻이에요? 알기 쉽게 좀 말해 봐요."

"생각해 봐. 스승이 되어 주세요, 라고 달려드는데. 누가 알겠다, 그러겠다고 하겠어. 너는 진지하게 다가가는 거라 생각하지만 상대방은 무서워져. 정말 그 선생님에게 배우길 원한다면 차근히. 하나를 습득하고, 자연스럽게 질문하고. 서서히 다가가 봐. 지금 당장 당신의 마음을 열어버리겠다, 가 아니라 조금씩 열리도록 네가 노력하는 걸 보여주는 거지. 거미도 줄을 쳐야 벌레를 잡는다. 알간?
무슨 일을 하든 준비 기간은 필요해."

그제야 유성의 말을 이해한 홍 대리는 고개를 끄덕였다.

"역시. 선배, 연애의 달인다워요."

"아니, 그 얘기가 지금 왜 나와?"

"연애도 그렇잖아요. 상대의 마음을 이해하고, 상대의 마음을 여는 것."

"하하하. 맞아."

유성이 기분 좋게 웃었다.

"고마워요, 선배. 제가 뭘 해야 할지 조금 감이 와요. 이젠 천천히 어떻게 할 것인가를 생각해야 할 것 같네요."

홍 대리는 조급하게 생각하지 않기로 했다. 사람의 마음을 움직이는 게 어디 쉬운 일인가. 일본어를 공부할 때처럼 시간과 노력이 필요한 일이었다.

옥상에서 내려온 홍 대리는 컴퓨터 전원부터 켰다. 그녀는 이 주아의 멜 주소를 입력한 후 빠른 손놀림으로 편지를 쓰기 시작했다.

✉ 선생님. 홍 미래입니다. 저번에 실례가 많았습니다. 갑자기 그런 말을 해서 놀라셨죠? 지금 반성 중입니다.

저는 선생님의 원고를 읽고 감명을 받았습니다. 이왕 일본어를 공부할 거라면 선생님에게 배우고 싶다는 생각을 하게 되었죠.

지금도 그 생각은 변함이 없습니다. 그러나 선생님에겐 폐가 되는 일이라 더 이상 무리하게 부탁하지 않겠습니다. 대신 제 나름대로 공부할 생각입니다. 첫 번째 계획은 히라가나와 카타카나를 일주일 안에 암기하는 것입니다.

완벽하게 암기를 한 다음에 두 번째 계획을 세울 예정입니다.

그런데 공부를 하다 보면 막히는 게 많을 것 같습니다. 그럴 때 이메일로 질문을 드려도 괜찮겠는지요?

만약 허락해 주신다면 정말 고맙겠습니다.

선생님. 오늘도 좋은 하루 보내세요.

편지를 다 쓴 다음 홍 대리는 몇 번이나 읽어보았다. 혹시 상대를 부담스럽게 할 만한 말을 한 것은 아닌지 걱정이 되었지만, 그냥 보내기로 했다. 마우스를 눌러 '보내기'를 클릭했다. 이제 할 일은 스스로 약속한 대로 히라가나를 외우는 것이었다.

'아자. 홍 미래. 잘 해보자.'

1단계, 그림책으로 공부하기

　　퇴근하자마자 집에 오니 저녁 7시 반이었다. 홍 대리는 오늘 하루 공부할 수 있는 시간을 계산해 보았다. 씻고 밥 먹는데 30여 분 정도 걸린다고 치면 8시부터 공부할 수 있을 것 같았다. 저녁 8시에서 새벽 1시까지, 넉넉 잡아 다섯 시간을 책상 앞에 앉아 있을 수 있었다.

　　"오늘은 꼭 새벽까지 공부하자."

　　그녀는 마음을 다잡고 책상 앞에 앉았다. 그런데 이상한 것이 일본어 공부만 시작했다 하면 졸음부터 몰려드는 것이었다.

　　'오늘은 꼭 공부하자. 히라가나와 카타카나를 외우기로 약속한 날이 이틀밖에 안 남았잖아. 내가 한 약속도 못 지키면 나중에 무슨 약속을 하겠냐. 꼭, 꼭. 오늘은 공부 좀 하자.'

몇 번이나 자기암시를 걸며 홍 대리는 노트에 자신의 각오를 적기까지 했다.

포기하지 말자. 내일까지 무슨 일이 있더라도 완벽하게 암기하자.

그렇게 써놓은 뒤엔 반복해 읽었다. 그러다 보니 공부를 시작하고도 30여 분이나 지났지만 글자 하나도 제대로 외우지 못했다.

"미래야."

이젠 진짜 공부해야지, 마음먹고 있는데 거실에서 엄마가 부르는 소리가 들렸다. 그녀가 나가자 엄마는 세탁기에 있는 빨래를 널라고 했다.

"아이, 참. 엄마. 공부해야 한다니까."

"빨래 널고 하면 되지."

"아이, 참."

그녀는 '아이 참'을 연발하며 세탁기에서 빨래를 꺼냈다. 가뜩이나 시간도 부족한데 빨래까지 널고 있으려니 괜히 조급해졌다. 그래서 탁탁 털지도 않고 대충 널었다.

"어쩌면 이렇게 엉성하니, 너는?"

엄마는 홍 대리가 널어놓은 빨래를 보더니 야단부터 쳤다.

"시간 없다고 했잖아."

그녀는 그렇게 툭 던지고는 방으로 들어가 버렸다.

책상 앞에 앉았지만 자고 싶은 마음만 굴뚝같았다. 결국 그녀는 일단 자기로 했다. 새벽에 깨어나서 다섯 시간을 공부하는 게 더 효율적이라고 나름 변명까지 하며 침대에 누웠다.

일어나. 일어나.

알람시계가 시끄럽게 떠들어댔다. 번쩍 눈을 뜬 그녀는 시계부터 봤다. 오전 7시. 바로 일어나 세수하고 밥 먹고 회사로 출근하기 딱 좋은 시간이었다.

"점심은 맛있게 드셨어요?"

캔커피를 뽑아 옥상 정원에 올라간 홍 대리는 이미 자리를 잡고 있는 유성을 발견하고 그 옆에 앉았다.

"간단하게. 샌드위치로 때웠지. 그런데, 점심 안 먹었어? 지금 이 시간에 온 걸 보니 못 먹은 거 같은데?"

"아휴. 걱정이 많으니까, 식욕도 떨어져요."

"왜? 이별의 후유증에서 아직 못 벗어난 거야?"

"그거야, 뭐……. 시간이 약이라잖아요."

말은 그렇게 했지만 홍 대리의 얼굴엔 어쩔 수 없는 우울함이 깃

들었다. 잊으려고 애를 쓰긴 하지만 신남이 불쑥불쑥 뛰어나올 때마다 가슴이 아려 견딜 수가 없었던 것이다. 어쩌면 그 때문에 일본어 공부를 더 열심히 하고 싶은 건지도 모를 일이었다.

"그렇게 생각하고 있으면 다행이고. 그럼 뭐가 그렇게 걱정이야?"

"일본어요……. 일본어는 제 자신감을 되찾는 통로 같은 거예요. 뭐든 하나라도 잘하고 싶은 마음 알잖아요? 더군다나 일본문학 파트에 있으니 필요하기도 하고요. 그러니까, 제대로 해내고 싶어요."

"하기야, 이해 못 할 말도 아니군. 그런데 그 일본어가 어떻다는 거야?"

"혼자 공부하려니 잘 안 되잖아요. 이 주아 선생님은 여태껏 답장도 안 줘요."

"한 술에 배부르랴."

"그렇죠?"

"공부를 하기도 전에 무작정 들이댄 것도 아니고, 하다 보니 막히는 거잖아. 구체적으로 물어보면 답을 해주지 않을까?"

"그럴까요?"

"일단은 한번 시도해 봐. 어차피 본전이잖아."

"정말 선배는 어쩌면 이렇게 말도 잘해? 알았어요. 그래야겠다. 힘내야지. 아자."

"북 치고, 장구 치고. 혼자 잘 논다."

홍 대리는 유성의 말에 풋 웃음을 터뜨리며 일어났다. 유성과 대화를 나누다 보니 다음 할 일이 생각난 것이다. 그 일을 빨리 해버려야 마음이 편할 것 같았다.

사무실로 내려온 홍 대리는 점심시간이 끝나기 전에 메일을 보내려고 빠른 속도로 타이핑을 하기 시작했다.

✉ 선생님. 홍 미래입니다.

제가 저번에 선생님께 약속한 일 기억하시죠? 몇 날 며칠을 히라가나와 카타카나를 외우기 위해 노력했는데, 그게 잘 되지 않습니다.

암기가 이렇게 힘든 일인 줄 몰랐어요. 다른 친구들에게 물어보니까, 무조건 외우라고만 하던데, 정말 그렇게 하면 되는 걸까요?

편지 보내기를 클릭하고 홍 대리는 이 주아의 책을 마감하기 위해 교정지를 찬찬히 훑어보기 시작했다. 일본어 학습서는 아니지만 가끔 그녀가 일본어를 배우는 과정이 드러나 있었다.

아이들이 모국어를 배우듯 순수하게 시작하기로 마음을 먹었다.

'어, 모국어를 배우듯?'

홍 대리의 눈에 딱 들어온 문장이었다.

'맞아. 아이들은 말을 쉽고 자연스럽게 배우잖아. 일본어도 그렇게 할 수 있는 방법이 있다는 걸까?'

고개를 갸웃거리며, 열심히 생각에 잠겨 있는데 메일이 도착했다는 알림이 떴다. 그러나 그녀는 이 주아의 글을 읽느라 바로 메일을 확인하지 않았다. 한참 후에야 그녀는 자신의 메일함을 열었다.

✉️ 발신자 : 이 주아

홍 대리는 자신도 모르게 짧은 탄성을 지르며 제목을 클릭했다.

✉️ 홍 대리님. 보내주신 메일은 잘 읽었습니다. 그런데 히라가나와 카타카나를 무조건 외우기로 한 건 좋지 않은 방법인 것 같군요. 언어를 공부하는 이유는 말을 하기 위해서입니다. 즉, 그 언어가 입에 딱딱 달라붙어야 말이 나오겠죠. 그리고 재미있게 접근을 해야 오래 공부할 수 있고, 보람도 느낄 수 있을 겁니다.

히라가나와 카타카나를 무조건 외우기보다는 문장을 공부하면서 자연스럽게 습득하는 것이 좋습니다.

그러기 위해 홍 대리님이 먼저 하실 일은 CD와 그림이 있는 일본어 기초 책을 구입하시는 겁니다.

여기까지 읽은 홍 대리는 두근거려서 견딜 수가 없었다. 이 주아가 조금이나마 마음을 열어준 것이 일단 고마웠다. 그리고 'CD와 그림이 있는 일본어 기초 책' 부분을 읽는 순간, 보지 않아도 무척 재미있을 것 같다는 막연한 기대감마저 생겨 버렸다.

✉ 공부 방법은 간단합니다.

제일 처음엔 그림책을 보면서 그 부분의 CD를 들으세요. 그리고 무조건 따라서 발음하세요. 몇 번 반복하다 보면 발음이 귀에 들어오고, 입으로 내뱉는 것도 자연스러워질 겁니다.

내용을 알지 못한다고 고민하실 필요는 없습니다.

그림책에는 대화를 나누는 사람들의 상황이 그려져 있을 겁니다. 그림을 보고 그들이 무슨 말을 나누는지 추측해 보세요.

그런 다음 뒷장에 있는 한국어 해석을 보며 자신의 추측이 맞는지 확인하는 거죠. 확인을 끝낸 다음에는 대화에 사용된 히라가나를 일일이 찾아 외우는 겁니다.

표에 나오는 대로 외우다 보면 재미가 없었을 수밖에 없습니다. 하지만 문장을 공부하며 외울 때에는 수십 개를 한 번에 외워야 한다는 압박감이 없는데다, 하나씩 찾아보는 재미가 있을 겁니다. 또한, 히라가나와 함께 문장을 공부할 수 있기 때문에 외국어를 공부하는 실감이 나겠지요.

그렇게 그림책 한 권을 3개월 동안 완벽하게 마스터하세요. 그러면 그 다음 단계로 이동할 때 공부가 훨씬 재미있어질 겁니다.

부디 포기하지 마시고, 잘해내시길 바랍니다.

편지의 어디에도 그 다음에 관한 말은 없었다. 오로지 그림책을 3개월간 마스터하라는 이야기로 끝맺고 있었다. 그런데도 홍 대리는 자신이 그림책을 마스터하면 이 주아가 또 다른 과제를 줄 것이라는 생각이 들었다.

'3개월이야. 그동안 정말로 잘 해보는 거야.'

의지를 다지며 홍 대리는 노트를 펼쳤다.

미래의 비밀 노트

노트의 제일 앞장에 그렇게 쓰고 보니 흐뭇했다. 정말 제대로 공부를 시작한다는 기분이 들어서였다. 그러다 문득 홍 대리는 '모국어를 배우듯'이라는 말이 떠올랐다. 일본어로 치면 내가 몇 살 정도의 수준일지 설정해 보는 것도 재미있겠다는 생각이 들었다.

'그래. 지금 내 일본어 실력은 태어난 지 얼마 안 되는 갓난아이와 같아. 공부하면서 일본어 나이를 채워가는 거야. 유아기에서 아동기로, 그리고 소년기, 청년기로 가는 거지. 어른이 되었을 때 일본어로 유창하게 하고 싶은 말을 할 수 있겠지? 그럼 지금 나이는 몇 살로 할까? 이제 말을 배우기 시작했으니 한 살? 그래, 한 살이라고 하자.'

그렇게 생각한 홍 대리는 노트에다 메모하기 시작했다.

- 1단계 : 그림책으로 공부하기
- 일본어 나이 : 1살
- 소요 기간 : 3개월
- 학습법 :
  1. CD가 들어 있는 그림책을 선택한다.
  2. 그림을 보고 쓰여 있는 문장이 무슨 뜻인지 추리해 본다.
  3. CD를 들으며 발음을 해본다.
- 유의사항 : 문장을 공부할 때 그 문장에 나온 히라가나와 카타카나
  를 찾아 자연스럽게 암기한다.

이 주아가 메일로 보낸 학습법을 간략하게 정리한 뒤 홍 대리는
당장 내일 할 일도 밑에다 썼다.

그림책 구입하기. CD가 포함된 얇고 재미있는 걸로.

소통을 위해선 눈치가 필요해

"어, 우직 씨도 오셨네요."

홍 대리는 지우와 서점에서 만나기로 했다. 그런데 지우와 함께 우직도 나온 것이다. 생각도 못한 일이라 그녀는 그렇게 말해 버렸다.

"어. 제가 나온 게 싫다는?"

"어머, 그럴리가요."

홍 대리는 당황해서 그렇지 않다, 밖에서 보니 또 다른 기분이 든다는 말을 잽싸게 늘어놓았다.

"우직도 살 책이 있대. 각자 살 것 산 뒤에 맛있는 저녁 먹자."

지우가 발랄하게 끼어들었다.

"오늘은 제가 쏠게요. 깍두기가 된 기념으로."

우직이 말했다.

"정말? 비싼 거 먹어야겠다."

지우의 말에 홍 대리는 그냥 웃기만 했다.

그들은 일본어 코너로 이동했다. 홍 대리가 CD가 있는 그림책을 찾아 보고 있자, 지우가 옆에서 왜 그런 걸 보고 있는지 물었다. 그리고 곧 이왕 사는 거 문법 설명이 잘 되어 있고, 두께가 있는 게 좋지 않겠냐고 덧붙였다. 홍 대리는 이 주아에게 받은 메일의 내용을 말해줬다.

"그래? 일리가 있긴 한데……. 그렇게 공부하면 뭐가 좋다는 건지 잘 모르겠는데?"

"뭐, 일단 문자표를 보고 암기만 하는 것보다는 재미있게 공부할 수 있겠지. 그리고 선생님 말씀대로 처음부터 문장 공부를 하는 거니까, 뭔가 제대로 공부한다는 느낌도 들고."

"그러니까, 그게 무슨 의미가 있냐는 거야? 재미있으려고 공부하는 건 아니잖아."

"그래도 재미있으면 공부에 더 흥미를 가질 수 있지 않을까?"

"그렇긴 한데, 실속을 차리는 것도 중요하잖아."

홍 대리는 지우의 말에 동감했다. 좀 더 재미있게 공부를 할 수는 있겠지만 지우 말마따나 그렇게 하면 뭐가 좋다는 건지 정확하게 모르고 있다는 생각이 들었던 것이다.

'맞아. 재미있게만 하는 게 문제는 아니지. 선생님은 왜 그런 방법을 권했을까?'

홍 대리는 고개를 갸웃거렸다. 아무리 생각해도 그 의도를 이해할 수가 없었다. 그래도 일단 CD가 있는 그림책을 고르기는 했다. 넓은 판형의 얇은 책이었지만 완벽하게 마스터하려면 3개월 정도는 걸릴 것 같았다.

그들은 우직의 추천으로 서점 근처에 있는 해물탕 전문점으로 향했다. 싱싱한 해물이 가득 들어 있는 냄비가 부글부글 끓는 것을 보니 침이 돌았다. 돌아다니느라 모르고 있었는데 꽤 배가 고팠던 것이다.

해물탕이 다 익자 우직이 앞접시에 덜어 홍 대리에게 먼저 건넸다. 그걸 본 지우는 우스워 죽겠다는 듯 혼자 쿡쿡거렸다. 홍 대리는 괜히 얼굴이 빨개져서는 지우의 허리를 쿡 찔렀다.

"맛있게들 드세요."

우직은 지우의 앞접시에도 해산물을 덜어주면서 말했다.

오랜만에 가지는 느긋한 식사였다. 하지만 홍 대리는 가끔 우직과 눈이 마주칠 때마다 묘한 긴장감을 느끼고 있었다.

우직이 바래다주겠다는 것을 거절하고 홍 대리는 강남역 쪽으로 가는 전철을 탔다. 그녀가 도착할 때쯤이면 이 주아의 수업도 끝나 있을 터였다. 오늘 지우와 나눈 대화 때문에 신경이 쓰여 그냥 집으로 갈 수가 없었다. 공부를 하기 위해 이 주아의 의도를 정확하게 알고 싶었다. 마침 이 선생의 책이 출간됐기 때문에 서점에 배본되기 전에 책을 먼저 보여준다는 핑계거리도 있었다.

이 주아의 강의실에서는 학생들이 막 빠져나오는 중이었다. 모든 학생들이 다 나가고 이 주아만 혼자 남자 홍 대리는 문을 톡톡 두드렸다.

"아, 홍 대리님."

의외의 방문이었을 텐데도 이 주아는 자연스럽게 대했다.

"저, 궁금한 게 있어서요."

"그래요? 일단 들어와 앉으세요. 잠깐 책상 좀 정리할게요."

이 주아는 책상 위에 있는 교재를 한 곳으로 모아두고 칠판에 있는 글씨를 다 지웠다. 그리고는 홍 대리 맞은편 의자에 앉아 차분한 표정으로 무슨 일인지 물었다.

"답장을 주셔서 감사했습니다."

홍 대리는 일단 인사부터 했다. 그에 대한 답 메일을 보낼 때도 고맙다는 인사를 했지만 사람을 직접 대하니 절로 그 말부터 나왔다.

"뭐, 별로, 그렇게 인사 받을 일도 아닌걸요. 글 쓰는데 오래 걸린

것도 아닌데."

"하지만 노하우를 가르쳐주신 거잖아요."

"그건 그래요. 하하."

"그런데……"

"네, 말씀하세요."

"그림책을 보고 공부하는 게 재미는 있을 것 같은데요. 그렇게 공부하는 게 어떤 도움이 되는지 정확하게 알 수가 없어서요."

홍 대리는 좀 머뭇거리다 결국 오늘 지우와 나눈 대화를 정리해 말해 버렸다. 이런 질문을 하는 게 실례가 되는 건 아닌지 걱정을 했지만 이 주임은 오히려 고개를 끄덕이며 들어주었다.

"그런 의문이 드는 건 당연해요."

"네?"

"홍 대리님은 언어가 뭐라고 생각하세요?"

"그야……. 소통이 아닐까요?"

"맞아요. 소통. 언어만으로 소통을 하는 건 아니죠. 상대방의 눈빛이나 몸짓도 소통과 연관이 있어요. '바디랭귀지'라는 말도 있잖아요. 그런데 그것과 더불어 중요한 게 또 있어요."

"그게 뭔가요?"

"배려심이요."

"네?"

생각지도 못한 말이 나오자 홍 대리는 고개를 갸웃거렸다.

"배려하는 마음은 언어를 익히는 데 정말 중요하죠. 서로의 언어가 달라 말이 통하지 않더라도 상대의 말을 이해하려고 애쓰는 마음이요. 그런 마음이 있으면 상대의 눈빛과 몸짓을 더 세밀하게 관찰하게 돼요. 들으려고 하는 자세가 되어 있으니까요. 그러면 외국어를 몰라도 어느 정도 이해할 수는 있겠죠. 눈치로요."

"눈치……."

"상대가 말하고자 하는 걸 알기 위해선 눈치가 필요해요. 한 마디로 말해, 배려심이 있기 때문에 눈치를 챌 수가 있는 거죠. 언어도 그래요. 앵무새처럼 암기하다 보면 자신이 할 말을 기억해서 말할 수는 있어요. 하지만 소통은 힘들겠죠. 상대의 말을 들을 여유가 없으니까요."

"네. 그래서 암기만 하는 것이 좋지 않다는 거군요. 꼭 재미 때문이 아니라도."

"그래요. 그게 그림책을 사라고 한 이유예요. 그림 속에 나온 인물들이 무슨 행동을 하는지 보는 거죠. 그러면 그들이 말하고자 하는 게 뭔지 눈치를 챌 수가 있을 거예요. 그럼 일본어를 알지 못해도 그들의 대화를 추측할 수 있겠죠. 처음엔 그림으로 시작하지만, 그게 버릇이 되면 꼭 외우지 않아도 추리하고 추측하는 능력을 키우게 될 거예요."

"아."

그제야 이 주아의 말을 이해한 홍 대리는 감탄했다.

"추리하는 능력이었군요."

"맞아요. 홍 대리님이 그런 공부를 하길 원하는 거죠."

"아, 그러셨구나. 선생님 말씀을 들으니 공부가 막 하고 싶어지는데요."

"그거 다행이네요."

홍 대리는 정말 조금이라도 더 빨리 집에 가서 그림책을 펼치고 추리하는 공부를 하고 싶었다. 생각만 해도 재미있을 것 같았고, 잘 만 하면 일본어뿐만이 아니라 자신의 모든 생활에도 도움이 될 것 같았다.

이 주아에게 인사를 하고 집으로 돌아가는 길 내내 홍 대리의 머릿속에는 일본어 공부에 대한 생각만 가득 차 있었다.

"왜 이렇게 늦었어?"

집으로 들어서자마자 엄마가 가볍게 나무랐다. 핸드폰으로 시계를 보니 거의 밤 12시였다.

"일이 많아서."

"그럼 전화라도 하지. 걱정했잖아."

"죄송해요."

홍 대리는 고분하게 대답하고 방안으로 들어갔다. 가볍게 세수를 하고 나와서는 바로 책상 앞에 앉았다. 오늘 구입한 책을 꺼내들고 펼쳤다.

책의 1과에는 그림이 두 개가 있었다. 하나는 해가 뜨기 시작하는 풍경에서 남자가 여자에게 뭔가를 말하는 장면이었다. 다른 하나는 해가 중천에 떠 있는데 친구 두 명이 만나는 장면이었다.

"틀림없이 아침 인사네."

홍 대리는 첫 번째 그림을 보며 말했다.

"이건 점심 인사. 안녕하세요."

두 번째 그림을 봐도 바로 추리가 되었다. 뒤의 해설집을 보니 아니나 다를까 그런 뜻이었다.

"뭐야? 쉽잖아."

홍 대리는 다음 과도 이렇게 쉬울까 싶어 뒷장을 슬며시 넘겨보았다. 두 남녀가 거실에서 대화를 나누거나 두 여자가 찻집에서 대화를 나누는 그림이 있었다. 그 외에도 다양해 보이는 그림들이 있었는데, 어떤 것은 대충 보고도 알겠지만, 어떤 것은 좀 더 세심하게 봐야만 추측할 수 있었다.

다시 1과로 돌아온 홍 대리는 노트북에 CD를 집어넣었다.

おはようございます(오하요-고자이마스)

"오하요 고자이마스."

그녀는 CD에서 들리는 대로 발음을 따라해 봤다. 발음도 금방 귀에 들어와 따라하는 게 어렵지 않았다.

こんにちは(콘니치와)

두 번째 그림의 인사는 '콘니치와'로 들렸다. 둘 다 몇 번 반복해서 듣고 발음을 따라한 다음 홍 대리는 앞 장에 있는 히라가나 표에서 퍼즐을 맞추듯 글자를 찾아봤다. 그렇게 글자를 찾아가는 과정은 의외로 재미있었다. 그냥 무작정 외울 때와는 달리 머릿속에 쏙쏙 잘 들어왔다.

'오하요 고자이마스'는 히라가나에 나온 발음대로였다. 그런데 '콘니치와'는 조금 달랐다. 분명히 '콘니치와'로 들렸는데, 일일이 문자를 찾아보니, こ(코)ん(웅)に(니)ち(치)は(하)로 읽혔다.

"이상하네?"

홍 대리는 다시 CD의 발음을 들었다. 역시 '콘니치와'로 들렸다. 이걸 어떻게 받아들여야 할지 도저히 궁금해서 참을 수가 없었다. 그녀는 핸드폰을 만지작거렸다. 이 주아에게 전화하고 싶었다. 그러나 처음부터 꼬치꼬치 캐물어 귀찮게 하기는 싫었다. 결국 지우에게 전화를 했다.

사정을 들은 지우는 복잡하게 생각하지 말라고 말했다.

"예외라는 게 있잖아, 왜. 우리말에도 글자를 쓸 때와 발음할 때가 다른 글이 있잖아. 그것도 그래. 문자랑 발음이랑 똑같으면 좋겠지만, 그렇지 않은 거지."

"그럼 이런 건 무조건 외워야겠네."

"응. 그럴 수밖에 없어."

홍 대리는 지우와 통화를 끝낸 후 특별히 외워둬야 하는 문장은 따로 필기해 두었다.

이왕에 시작한 거 끝을 보자는 마음에 홍 대리는 다음 그림으로 넘겼다. 다음 페이지에는 노을이 진 하늘 아래에서 서로 인사를 나누고 있는 그림이 있었다.

'이건 저녁 인사구나.' 이번에도 역시 쉽게 추리가 되었다.

こんばんは(콤방와)

CD로 들었을 땐 분명 '콤방와'였다. 그러나 그림에 있는 글씨는 다섯 글자였다. 문자표를 보며 일일이 발음을 확인해 보니, 'こ(코)ん(응)ば(바)ん(응)は(하)'로 읽혔다. 역시 문자와 발음이 다른 경우인 듯했다.

그러나 こ(코)와 ん(응)이 점심 인사와 겹쳤다. 이미 알고 있는 문자 두 개가 나온 것이다. 이렇게 문장으로 공부하다 보면 문자표를 외우는 것도 어렵지 않을 듯했다.

홍 대리는 듣고 추리하고 확인하는 과정들이 즐거웠다. 그냥 수동적으로 외우는 것이 아니라 능동적으로 찾아가는 재미가 있었기 때문이었다.

'이거였어.'

홍 대리는 만족하며 다음 페이지로 넘어갔다. 앞에서 했던 것처럼 CD를 듣고 추리하고 답을 확인했다. 그리고 다시 문장 전체를 외우니 또 다른 히라가나가 자연스럽게 습득되었다. 그런 식으로 5페이지까지 하고 나니 시간은 벌써 새벽 2시가 되어 가고 있었다.

그녀는 책을 덮었다.

'공부도 중요하지만 일에 지장을 줘서도 안 되겠지.'

그렇게 생각하며 일단 잠을 자 두기로 했다. 그런데 여간해서 잠이 오지 않았다. 감은 눈꺼풀 속에서 오늘 익힌 문장과 히라가나가 떠다니고 있었던 것이다.

| 1단계 미션 |

일본어도 발음은 중요하다

일본어는 액센트나 억양이 달라서 알아듣지 못한다거나 전달이 안 된 다거나 하는 큰 어려움은 없다. 대신 발음이 틀리면 완전 다른 뜻이 되거 나, 전달이 안 되는 경우가 부지기수다. 다음 예를 보자.

① **장음과 단음**   ビール(맥주)   ビル(빌딩)

② **촉음(っ)의 유무** キック(킥kick)   聞く(きく : 듣다)

　　　　　　　　　突起(とっき : 돌기)   時(とき : ~때)

③ **탁음(ﾞ)의 유무** 障害(しょうがい : 장해)   紹介(しょうかい : 소개)

　　　　　　　　　業界(ぎょうかい : 업계)   教会(きょうかい : 교회)

④ **ん의 유무**   べんり　にほんへ(ん뒤에 오는 글자를 확실히 발음해야 한다)

⑤ **요음의 유무** 病院(びょういん : 병원)   美容院(びよういん : 미용실)

①②③⑤에서 보는 바와 같이 발음에 따라 뜻이 완전히 달라지기 때문

에 주의해야 한다. 그러나 일본어를 공부하는 대부분의 사람들은 발음에 크게 신경을 안 쓰는 것 같다.

④의 예는 한국 사람들이 발음하기 어렵고 많이 틀리는 예문이다. 일본 어는 음절 글자이다. 한 글자는 1음절, 두 글자는 2음절, 세 글자는 3음절 글자. 'べんり'는 3음절 글자이기 때문에 발음할 때도 3음절을 지켜야 한 다. 3음절을 지켜서 천천히 '벵리'라고 발음해야 하는데 대부분의 사람들 은 '벤니'라고 발음한다. 'ん' 발음은 'ㄴ' 'ㅁ' 'ㅇ' 중에서 발음하기에 가장 편한 것을 선택하면 되긴 하지만, 'ん' 뒤에 오는 글자를 정확히 발음한다 는 조건하에서이다. 'ん' 뒤에 오는 글자를 정확히 발음하자.

④번 예문에 있는 'にほんへ'도 마찬가지다. 'ん' 뒤에 오는 'へ'는 조사 이므로 '헤'로 발음하지 않고 '에'로 발음해야 하는데, 대부분의 사람들은 '니호네'로 발음한다. 'ん' 뒤의 글자를 정확히, 그리고 4음절을 발음해서 '니홍에'라고 발음해야 한다.

또 ⑤번의 예문처럼 요음(작은 'ょ')은 앞 글자에 붙어서 한 음절이다. 그 래서 'びょ'는 '비요'가 아니고 '뵤'로 두 글자를 한 음절로 발음하는 것이 다. ⑤번의 예문에는 그냥 웃어 넘길 수 없는 일화가 있다. 어느 대학 교수 의 부인은 외국인이면서 일본어가 아주 유창한 사람인데, 病院(びょういん, 뵤-잉)과 美容院(びようぃん, 비요-잉)의 발음이 틀려서 남편의 혼을 빼놓은 경험이 있다는 에세이를 읽은 적이 있다.

부인 여보. 요시유키가 공원 지붕에서 뛰어내려 다리가 산산조각이 났어요. 당신 지금 한가해요?

남편 당신 지금 어디야?

부인 병원요.

　남편은 너무도 어렵게 얻은 늦둥이라 눈앞이 캄캄해지면서 잠시 정신
줄을 놓았다고 한다. 그러나 잠시 뒤, 이런 다급한 상황에서 부인의 전화
목소리가 너무도 침착했던 게 좀 이상해서 다시 전화를 걸어 확인해 보니
다리가 부러진 건 아들 요시유키가 아니고 우산 다리(우산살)였다고 한다.
그리고 부인은 병원에 있는 것이 아니고 미용실에 있었다고 한다. 나는 수
업에서 학생들에게 미용실을 얘기할 때 'びょういん(비요-잉 美容院 미용원)'
을 쓰지 말고 'びょうしつ(비요-시츠 美容室 미용실)'를 쓰라고 한다. 'びょ
ういん(뵤-잉)' 'びょういん(비요-잉)'은 한국인에게 좀 까다로운 발음인 것
같다.

　그러니 음절 글자인 일본어를 한 음절 한 음절 제대로 발음한다는 걸 의
식하고 반드시 CD든 테이프든 일본인의 목소리가 들어 있는 교재를 사용
해야 하는 것이다.

외우지 않고 추리하는 일본어

3장

암기하지 말고 말로 내뱉어라

그림책과 CD를 이용한 학습법은 홍 대리에겐 굉장히 유용했다. 그림을 보면서 추리해 나가다 보니 능동적인 공부가 될 수밖에 없었다. 책에 나오는 문장과 해석을 보고 그대로 받아쓰는 것보다 머릿속에 쏙쏙 잘 들어왔다. 그리고 문자만 암기할 때에는 지루했지만 문장을 통째로 외우니 기초적인 말이긴 해도 일본어를 본격적으로 공부하는 만족감이 있었다. 게다가 따로 문자를 암기하는 시간을 절약할 수도 있었다.

그렇게 공부하기 시작한 지 2주 만에 인사말 정도는 거침없이 할 수 있게 되었다. 몇 가지 문장을 습득하니 자꾸만 그 말이 하고 싶어 입 안에서 맴돌았다. 그래서 홍 대리는 유성이나 지우를 만나면 첫인사를 일본어로 하는 버릇이 들었다. 그러면 그들도 자연스럽게 일본어로 인사를 해주기는 했지만 그 다음이 문제였다. 일본어로 더 말하고 싶은 갈망은 큰데 할 수 있는 말이 없다 보니 답답해 죽을 지경이었다.

'언제 유창하게 말할 수 있을까.'

홍 대리는 괜히 조급해졌다. 그래서 집에 들어가기만 하면 그림책부터 펴고 공부를 했다. 처음 시작했을 때만 해도 하루 한 과씩 몇 번이나 반복해서 보았지만 이젠 대여섯 개의 과를 하루 만에 봐버렸다. 그렇게 공부하니 며칠 만에 책을 다 보게 되었다.

한 권의 책을 공부했다는 데에 대한 뿌듯함은 아주 잠시였다. 책 속에 나온 문장들을 말해 보려고 했지만 인사말 외에는 아무것도 나오지 않았다.

"바보 아니야? 어떻게 이렇게 기억을 못해?"

홍 대리는 짜증이 났다. 공부를 했는데도 말이 나오지 않는 건 순전히 자신의 기억력에 문제가 있는 것 같아서였다.

결국 홍 대리는 이 주아가 제시한 3개월에서 단 1개월만 열심히 공부하고는 게으름을 피우기 시작했다. 좀 더 정확하게 말하자면 게을러졌기보다는 할 게 없어진 거였다. 그리고 해도 안 된다는 생각 때문에 다음에 해야 할 바를 찾을 수도 없었다.

그렇게 또 며칠을 보내다 보니 그나마 가지고 있던 자신감도 사라질 지경이었다.

그러던 중 홍 대리의 신경을 거슬리게 하는 일이 생겼다.

사실 일본문학 파트로 옮긴 뒤에 신남과 세련을 마주치지 않기 위해 홍 대리는 꽤 노력을 하고 있었다. 출퇴근 시간을 피해서 다녔고, 예전에 근무하던 11층에 있는 휴게실에는 가지 않았다.

그런데 결국 11층에 있는 사무실로 갈 일이 생기고 만 것이다. 사실, 직장을 옮기지 않는 한 한 번은 부딪쳐야 할 일이었다. 언제까지 피해 다닐 수도 없는 노릇이고, 피해 다니면 절대 마주칠 염려가 없는 것도 아니었다. 이제까진 운이 좋았을 뿐이라는 걸 알면서도 홍 대리는 죽으러 가는 소처럼 느릿하게 11층에 있는 사무실로 내려갔다.

"파트 옮기더니 얼굴 보기가 힘드네."

몇몇 사람들이 인사를 건네는 가운데 팀에서 가장 친하게 지냈던 윤 대리가 말을 걸었다.

"파트를 옮기니까 할 일이 많더라고. 팀장님은?"

"저기."

윤 대리가 가리킨 곳은 세련의 자리였다. 팀장은 세련에게 무언가를 묻고 있었다. 홍 대리가 가까이 가자, "이 번역도 맞아?"라는 팀장의 목소리가 들렸다.

"저, 팀장님."

홍 대리가 말했다. 팀장은 힐끗 쳐다보더니 "잠깐만."이라고 말한

다음 다시 세련 쪽으로 고개를 돌렸다.

'뭐야? 자기가 불렀으면서.'

홍 대리는 괜히 부아가 치밀었다.

"이건 역자가 잘못 해석한 것 같은데요. 중국어는······."

세련의 목소리가 자신의 목소리로 들린 것은 그때 즈음이었다.

"일본어에는 이런 말이 없어요. 이걸 우리말로 옮기면 '주지하다'
예요. 음, 그리고 이건 문법에 벗어나 있어요."

일본어에 관한 건 무엇이든 자신에게 물어보는 사람들을 상상하
니 괜히 웃음이 났다. 자신감은 있으나 교만하지 않은 음성으로 이
건 이렇고 저건 저렇다는 설명을 해줄 때 얼마나 뿌듯할까. 그러나
그것도 잠시, 곧 세련과 팀장의 음성이 들렸다.

"이렇게 고쳐야 해요."

"아, 고마워. 그리고 이번에 판권 확보를 할지 검토하고 있는 중
국어 책이 좀 있는데, 원서 검토를 자기가 한번 해볼래? 편집 일도
해야 되니까, 원서를 검토하려면 아무래도 따로 시간이 많이 들 거
야. 그래서 시간외수당은 챙겨줄까 하는데."

'어, 진짜?'

홍 대리는 자신도 모르게 동그랗게 눈을 뜨고 그들을 쳐다봤다.

'시간외수당을 따로 챙겨준다고?'

자신이 다니는 회사에서 아르바이트까지 하는 격이었다. 월급에

시간외수당까지 받으면 얼마나 될까? 불쑥 솟아오른 질투심 때문에 홍 대리는 머리가 지끈 아프기까지 했다.

"어머, 정말요? 그럼요. 할 수 있어요."

세련은 그렇게 말하며 슬쩍 홍 대리를 쳐다봤다. 그런데 그 눈빛이 어찌나 의기양양한지 마치, '어때? 애당초 넌 내 대적 상대가 아니었어.'라고 말하는 듯했다. 물론 홍 대리의 자격지심일 수도 있었다. 그러나 묘하게 사람 심경을 긁어대는 눈빛인지라 몹시 기분이 상했다.

"홍 대리님. 오랜만이에요."

꽤 오랫동안 옆에 있었는데도 이제 발견했다는 듯 인사를 건네는 건 더 기분이 나빴다. 홍 대리는 딱딱하게 굳은 얼굴로 "그러네요."라고 말했다.

"언제 한번 점심 같이 먹어요. 할 말도 있고."

세련은 웃으며 말했지만 홍 대리의 귀에는 고깝게 들렸다. 아마도 신남의 이야기를 하고 싶어 저러는 거겠지, 라는 생각이 들어서였다. 신남에 대해 어떤 말을 할지는 알 수 없지만, 무슨 말이든 듣고 싶지 않았다. 그 때문에 세련과 만나는 일은 생각만 해도 끔찍했다.

'이겼다고 생각하는 거야?'

홍 대리는 아무 대꾸도 하지 않고 그냥 팀장을 따라 돌아섰다.

자기 자리로 돌아온 홍 대리는 한숨을 푹 쉬었다. 단 몇 분 동안 일어난 일이지만 의기양양하게 자신을 쳐다보던 세련의 눈빛을 잊을 수가 없었다. 그러나 그 눈빛에 주눅이 든 자신이 더 참을 수 없었다.

'정말 일본어를 잘 해내고 싶어.'

참을 수 없을 정도로 강렬한 욕망 때문에 가슴이 답답했다. 결국 홍 대리는 벌떡 일어나 옥상으로 올라갔다.

옥상에는 유성이 먼저 와 있었다. 그는 문을 열고 들어서는 홍 대리를 발견하고는 손짓을 했다.

"또 담배 피워요?"

홍 대리는 그의 손가락 사이에 걸려 있는 담배를 보고 핀잔을 주었다.

"그러게. 끊어야 하는데. 쉽지가 않네."

유성은 씩 웃으며 자신의 손가락에 낀 담배를 봤다.

"하기야, 제가 선배에게 잔소리를 할 처지는 아니죠. 의지가 없기로 따지자면 저만 한 사람이 있을까요?"

"왜, 무슨 일 있었어?"

"아뇨."

홍 대리는 세련의 이야기를 차마 할 수가 없었다. 그 얘기를 하자면 자신의 치부까지도 드러내야 했다. 질투가 난다느니 그 때문에 더 잘하고 싶다느니 하는 말 따위를 도저히 할 수가 없었다.

"선배. 작심삼일은 날 위해 있는 말인가 봐요."

"공부가 안 돼?"

"제가요, 선배. 처음엔 정말 열심히 했거든요. 하루에 2과 이상을 나갔어요. 한 달 만에 책 한 권을 다 떼었어요. 그런데 기억나는 게 별로 없어요. 게다가 이젠 뭘 해야 할지도 모르겠어요."

"저런."

유성은 말은 그렇게 하면서도 그다지 안타까워하는 표정은 아니었다.

"비웃고 있구나."

"설마."

"그런데 웃음을 참는 것 같은 느낌이 드는 건 왜일까요?"

홍 대리가 뾰로통하게 말하자 유성이 '욕심쟁이'라고 툭 던지듯 내뱉었다.

"뭐예요?"

"생각해 봐. 한 달 만에 책 한 권을 거의 다 끝낸다는 게 말이 돼? 그것도 어학을? 읽는 게 목표가 아니잖아. 자연스럽게 말을 하는 게 목표지. 그런데 욕심을 잔뜩 부려 진도만 나가서 어쩌려고?"

유성의 말을 들으니 홍 대리의 머릿속에서 빠르게 스치고 지나가는 문구가 있었다.

익힌 만큼 말하려고 노력했다.

이 주아의 원고에서 인상 깊게 읽었던 그 문장을 잊어버리고 있었던 것이다.

'그 뒤에 또 뭔가 있었어⋯⋯.'

홍 대리는 갑자기 일어났다.

"선배. 찾아볼 게 있어서 먼저 내려가 볼게요."

문 쪽으로 급히 뛰어가다 말고 그녀는 뒤돌아봤다.

"あ、先輩、ありがとうございます。(아, 선배. 고마워요.)"

사무실로 돌아온 홍 대리는 이 주아의 원고를 컴퓨터 화면에 띄웠다. 그리고 첫 장에서 일본어를 배울 때의 일을 잠깐 언급했던 부분을 찾았다.

처음에 공부를 시작할 때 한 과 한 과를 완벽하게 하려고 하다 보니, 어떤 때는 한 과를 일주일 아니 한 달이 되어도 못 끝내는 일도 있었다. 그러다 결국 포기하고 싶어졌다. 시간은 자꾸만 가는데 진도는 너무 나가지 않아 무기력해졌기 때문이었다.

그래서 한 과를 다 끝내지 못해도 그 다음날엔 바로 다른 과로 넘어갔다. 1과의 내용을 다 끝내지 못해도 과감히 버렸다. 미련 없이 2과로 가니 1과와 2과의 진도를 나갔다는 뿌듯함도 있었다.

"어?"

이 부분에서 홍 대리는 잠시 고개를 갸웃거렸다. 그녀는 이 주아와 달리 하루에도 네다섯 과의 진도를 뺀 적도 있었기 때문이다. 그럼 '한 달 만에 책을 끝내는 건 괜찮지 않나?' 하는 생각이 들었다. 그러나 그 다음 글을 읽으니 아무렇게나 진도를 막 빼라는 말이 아닌 것을 알았다.

회사 일이 잘 안 풀려도, 실연을 당해도, 가족을 잃어도, 어떤 일이 있어도 우리는 반드시 수면을 취한다. 생리 현상의 하나인 수면을 취하듯, 매일 매일 복습과 동시에 새로운 것을 익히는 습관을 들이려고 했다. 그래서 어떤 상황에서도 '단 한 줄이라도'라는 단서를 붙이고 매일 연습했다.

우리는 눈을 감고서도 밥숟가락을 입으로 넣을 수 있다. 기나긴 시간 반복해 온 습관이라서 그렇다. 숟가락질을 배우기 시작한 어린아이들을 보았는가? 입으로 제대로 들어가기까지 수십 번 실패를 거듭한다. 밥숟가락이 제대로 입으로 들어가기까지 많은 실패를 거듭하지만 매일 반복해 결국은 습득하고 만다. 그래서 나는 양量보다는 제대로 된 좋은 습관을 들이는 질質 중심의 공부를 하기 위해 노력했다. 즉, 단 한 줄이라도 확실하게 공부하는 것이다. 확실하게 공부해 두지 않으면 자신의 것으로 만들 수 없다는 것을 알기 때문이었다.

'이거였어.'

홍 대리는 '단 한 줄이라도 확실하게 공부하자'라는 문장을 뚫어지게 쳐다봤다. 지금까지 양에만 치우쳤지 질적으로 좋은 공부를 했던 것은 아니었다. 그러니 공부를 했어도 생각나는 것이 없을 수밖에 없었다.

홍 대리는 이 주아의 글을 수첩에 옮겨 적기 시작했다. 그냥 읽고 넘기는 것보다는 메모를 해두어야 더 잘 정리가 될 것 같았다.

1. 한 과를 다 끝내지 못해도 그 다음날에는 다른 과로 넘어갈 것.
2. 대신, 매일 한 줄이라도 공부할 것.
3. 단 한 줄의 문장이라도 반복에 반복을 거듭해 자연스럽게 입에 붙도록 할 것.
4. 양보다는 질.

그렇게 써 놓고 보니, 당장 오늘 밤부터 어떻게 공부해야 할지 정리가 되었다.

'그래, 이제부터 중요한 건 반드시 메모를 해두자. 이참에 일본어만 메모하는 수첩도 하나 장만해야겠다.'

홍 대리는 새롭게 각오를 다졌다.

그날, 집에 들어간 홍 대리는 메모해 놓은 대로 공부해 보았다. 다시 시작하는 마음으로 다시 1과부터 시작했다. 단 한 줄이라도 입에 밸 수 있도록 반복에 반복을 거듭했다. 그리고 그 다음날엔 2과를 공부했고, 그 다음다음날엔 3과를 공부했다.

그런데, 3과를 공부할 때에는 회사 일이 많아 힘들었는지 공부를 다 끝내지 못하고 잠들고 말았다.

4과째를 공부해야 하는 날, 홍 대리는 잠시 망설였다. 3과를 정확하게 다 보지도 않았는데, 4과를 공부하려고 생각하니 뭔가 찜찜했다.

과감히 버려라.

이 주아는 글에서 분명 그 말을 하고 있었다.

'그래, 과감히 버릴 줄도 알아야 해. 일단 4과를 하자. 이렇게라도 차근차근 진도를 나가야 덜 지루하지.'

그림책으로 공부한 지 3개월이 지나고 있었다. 그동안 홍 대리는 두 과 정도를 남기고 모든 내용을 입에 배도록 연습했다. 아직 남아 있는 부분은 지금까지 한 것보다 더 빠르게 마스터할 수 있을 것 같았다. 일단 아는 단어들이 많이 늘었기 때문에 암기하는 시간은 그만큼 줄일 수 있었다.

그러나 문장만 공부하다 보니 문법은 너무 몰라 놓치는 게 있는 건 아닌지 걱정이 되기도 했다. 문법을 아예 모르니 문장의 구조를 파악하는 게 쉽지 않았던 것이다. 그런 걱정이 들 무렵, 이 주아 선생의 책이 재판에 들어갔다는 희소식이 들렸다.

홍 대리는 2쇄본의 책을 직접 전해주기로 했다. 함께 작업한 책인데다, 이 주아가 기뻐하는 모습도 보고 싶었다.

"초판이 다 팔렸다니 정말 잘 됐네요."

택시까지 타고 간 보람이 있었다. 이 주아는 2쇄본의 책을 받아 들고 감동을 받은 것 같았다.

"선생님이 글을 잘 쓰셔서 반응도 좋은 것 같아요."

"그럼 좋죠. 이왕에 한 건데."

이 주아는 그동안 고생했다며 감사의 인사를 하며 저녁을 사겠다고 했다. 홍 대리는 이 주아에게 질문할 것도 들을 것도 많기 때문에 자기가 대접해야 한다고 했지만 그녀는 그저 웃기만 했다.

"비싸고 맛있는 것 드세요. 선생님."

근처 레스토랑에 들어간 뒤 홍 대리가 메뉴판을 권하자 그녀는 "제가 산대도요."라고 말하며, 먼저 메뉴를 고르라고 했다. 서로 사겠다고 실랑이를 벌이는 것도 우스워 홍 대리는 그럼 잘 먹겠다고 대답해 버렸다.

"그런데 홍 대리님. 공부는 잘 되고 있어요?"

이런저런 이야기 끝에 이 주아가 넌지시 물었다.

홍 대리는 괜히 민망해 살짝 웃었다. 지난 석 달 동안 그림책을 보며 히라가나와 카타카나는 확실히 습득을 했고, 그 책 속에 나오는 문장들도 웬만큼 암기는 하고 있었다. 그러나 그것으로는 할 수 있는 말이 별로 없었다.

유성에게도 몇 번 일본어로 말을 걸어봤지만, 그가 대답을 해주면 그 다음 말을 할 수가 없어 한 번 주고받는 것으로 끝나기 일쑤였다. 열심히 공부를 했다고 생각한 것에 비해 할 수 있는 말이 없자 답답했다. 결국 그녀는 '머리가 나쁜가?'라고 자책하다가도, '겨우 3개월이잖아.'라고 애써 자위하기도 했다.

마음은 이 주아에게 그 모든 일을 고백하고 어떻게 해야 좋을지 묻고 싶었다. 하지만 기분 좋게 저녁을 먹고 있는데 그녀가 일본어 강사이기 때문에 만나는 것 같은 인상을 줄까 봐 "선생님 덕분에요"라는 인사말만 하고 말았다. 그런 홍 대리의 마음을 짐작하고 있는지, 이 주아는 "그림책으로 공부한 소감은 어때요?"라고 더 세세하게 물어주었다.

"글자를 몰라도 그림으로 추측해 문장을 알아나가는 재미가 있었어요. 그리고 히라가나와 카타카나를 무조건 외우는 것보다 문장에 나오는 것 위주로 찾아서 외우니까 머리에 더 쏙쏙 들어왔어요."

"그렇죠? 제 학생들도 그렇게 말하더라고요."

"학생들에게 자주 물어보시나 봐요."

"당연하죠. 나 혼자 만족하려고 가르치는 것이 아니니까요. 아무래도 좀 더 나은 학습법을 개발하려면 학생들의 반응을 살펴봐야죠."

그 얘기를 듣는 순간, 홍 대리는 '저를 테스트 인물로 사용해 주세요.'라고 말을 내뱉을 뻔했다. 그러나 예전처럼 또 막무가내로 들이대는 것 같아 꾹 참았다. 그런데 갑자기 이 주아가 쿡쿡 웃기 시작했다. 홍 대리는 영문을 알 수가 없어 동그랗게 눈을 뜨고는 그녀를 봤다.

"아, 미안해요."

이 주아는 그녀 앞에 놓인 물잔을 잡으며 말했다.

"……?"

물을 마시면서도 흘낏 홍 대리를 한 번 쳐다보더니 이 주아가 묘한 미소를 지었다. 그쯤 되고 보니 홍 대리의 표정이 딱딱하게 굳어졌다.

"제가 15년 가까이 학생을 가르쳤어요."

"네……?"

"제 프로필을 읽어봐서 아시겠지만, 그전엔 화장품 외판 사원을 했고요."

"……?"

홍 대리는 이 주아가 왜 그런 말을 하는지 알 수가 없었다. 그래서 웃음기 하나 없는 얼굴로 예의상 고개만 끄덕였다.

"두 직업 다 사람들을 많이 만나는 일이었죠. 그리고 뭐, 그다지 많은 나이라고 할 수는 없지만, 사람을 알 수 있는 나이죠."

"네……."

"그래서 그런지, 눈치가 빠른 편이에요. 홍 대리님. 제게 묻고 싶은 게 많죠? 시작 단계에 있으니 더할 거예요. 저도 예전에 그랬거든요. 처음에 일본어 공부를 할 때 '어떻게 해야 더 잘할 수 있을까' 만 생각했거든요. 그러다 보니 선생님 붙잡고 끈질기게 질문도 하고, 빠르게 습득할 방법이 없는지 조급하게 묻기도 했어요."

"선생님도요?"

"그럼요. 아마 누구나 다 그럴 거예요. 그런 정도의 열정도 없이 어떻게 언어 하나를 습득할 수 있겠어요?"

"그렇구나."

홍 대리의 표정은 그제야 조금 풀렸다. 방금 오해를 한 게 미안하기도 했지만, 누군가 조금이라도 자신을 비웃는 것 같으면 바로 발끈해 버리는 성격도 문제라는 생각이 들었다.

"지난 3개월 동안 그림책으로만 공부했죠?"

"네. 선생님 말씀대로."

"그림책에 나오는 문장들은 전부 말할 수 있어요?"

"네. 다 암기했어요."

그 부분에 있어서는 자신이 있었던 홍 대리는 당당하게 말했다.

"암기를 다 했는지 물은 게 아니에요."

"……."

"저번에도 말했지만 언어를 공부하는 이유는 대화를 하기 위해서잖아요. 암기는 머릿속에 넣어둔 것뿐이죠. 암기를 한 걸 말로 자연스럽게 내뱉을 수 있는지 물어본 거예요."

"네……. 사실, 저도 잘 모르겠어요. 계속 복습하니까 말이 잘 나오긴 하는데……. 다른 사람이랑 대화를 해본 적은 없어서……."

"혼자 복습하는 것으로 끝내지 말고 다른 사람에게 일본어로 말해 봐요. 이를테면, 배운 문장을 가족들에게 말하는 거죠."

"우리 가족들은 일본어를 모르는걸요."

"그래도요. 혼자 말하는 것보다는 말을 듣는 대상이 있는 게 좋아요. 가족들에게 양해를 구하고 말해 보는 거죠."

"네."

대답을 하긴 했지만 홍 대리는 자신이 없었다. 엄마에게 일본어를 하면 어떤 반응을 보일지 눈에 선했다.

"선생님."

"네?"

"저……."

"말해 봐요."

"문법 공부는 언제 하는 게 좋을까요? 회화 공부만 하고 있으니 걱정이 돼요."

홍 대리가 조심스럽게 물었다. 이 주아는 생각한 것보다 시원하게 말을 하기 시작했다.

"일본의 어느 유명한 작가 이야기인데요."

"네."

"어렸을 때 구구단을 영 못 외워서 선생님과 친구들한테 굴욕적인 놀림을 받았다고 해요. 매일 매일 울상인 딸에게 하루는 아버지가, "잘하는 것을 더 열심히 하면 된다. 구구단을 모르면 덧셈으로 하면 된다. 2×3은 2를 3번 더하면 된다."라고 말했다고 해요.

또 한 번은 이 작가가 초등학교 시절 "노을은 왜 빨간색인가?"라는 시험 문제에 언젠가 아버지에게 들은 대로 "부끄러워서"라고 답을 써냈더니 선생님은 매몰차게 틀렸다고 했대요. 집에 돌아가 왜

거짓말을 가르쳐주었냐고 아버지에게 따졌어요. 그러자 그 아버지는, "선생님 답도 맞고, 아빠 말도 틀리지는 않는다. 답은 여러 개 있어도 괜찮다."라고 했어요.

그 작가는 매사에 긍정적인 가정 교육을 받아 어린 시절부터 즐겁게 살 수 있었다는 거예요.

구구단을 모르면 덧셈으로 하면 되는 것처럼 일본어도 일상회화를 구사하는데 문법을 몰라도 전혀 문제 될 것은 없어요."

"그럼 안 해도 된다는 말씀인가요?"

"그건 아니에요. 앞에서 제가 그 작가의 예를 든 건 문법을 몰라도 말을 할 수 있다는 걸 말하기 위해서예요. 하지만 좀 더 빠르게 말을 배우기 위해서는 문법이 필요하죠. 단 자잘한 것까지 세세하게 알 필요는 없어요. 필요한 만큼만 알면 되는 거죠. 재미있게 알아간다는 마음으로요. 그런데, 홍 대리님. 제 메일을 확인하지 않으셨구나."

"네?"

"사실은 오늘 메일을 보냈거든요. 재판 기념 선물이라고나 할까."

이 주아가 말했다.

"재판 기념 선물이요?"

홍 대리는 이 주아의 말을 이해할 수가 없어 고개를 갸웃거렸다.

2단계, 문법은 필요한 만큼만

이 주아와 헤어지고 집에 돌아온 홍 대리는 메일부터 확인했다.

✉ 지난 3개월 동안 추리하는 회화 공부는 잘 해내셨나요?

거듭 말씀드리지만 일본어를 유용하게 활용하기 위해서는 눈치가 필요하답니다.

전체 문장을 이해하면 모르는 단어가 나와도 충분히 의미를 끼워 맞출 수가 있지

요. 그림책으로 공부할 때뿐만이 아니라 다음 단계의 공부를 할 때도 그 태도를

계속 유지하시기 바랍니다.

지금부터 한 달 동안은 문법을 공부하시는 게 좋습니다.

구구단을 모르면 덧셈으로 하면 되는 것처럼 일본어도 일상회화를 구사하는 데

문법을 몰라도 전혀 문제 될 것은 없습니다. 다만 일본어를 좀 더 유용하게 사용

하기 위해서는 한 번은 짚고 넘어가야 하는 공부이지요.

계단으로도 갈 수 있지만 엘리베이터가 있다면 좀 편하게 가겠지요? 문법은 엘리베이터의 역할을 한다고 생각하시면 됩니다. 그러나 자질구레한 문법들까지 신경 쓸 필요는 없습니다.

먼저 홍 대리님이 신경을 써야 하는 문법의 골자만 추려보았습니다.

① 동사　　　　　　　② い형용사와 な형용사　　③ 전문의 조동사 そうだ

④ 양태의 조동사 そうだ　⑤ ようだ와 みたいだ　　⑥ らしい

⑦ 가능형　　　　　　⑧ 존경어와 겸양어　　　⑨ 수동과 사역

번호를 붙이니까 아홉 개지 직접 해보시면 식은 죽 먹기보다 쉽다는 걸 알 수 있을 겁니다. 특히 동사, い형용사와 な형용사만 확실히 해두면, 모든 조동사는 생김새가 이 세 가지와 똑같아 습득하기가 편합니다.

이를테면 활용에서도, 생김새가 동사와 같다면 동사와 똑같이, 생김새가 い형용사와 같다면 い형용사와 똑같이, 생김새가 な형용사와 같다면 な형용사와 똑같이 활용됩니다.

그러므로 동사, い형용사와 な형용사, 이 세 가지만 확실히 해두세요. 그런 다음 조동사는 접속만 외우면 됩니다.

홍 대리님. 다시 한 번 강조하지만 긍정적 마인드를 가지고 스트레스는 받지 말고 공부하시기 바랍니다.

116

"우와. 정말 고맙네. 부탁도 하기 전에 다음 단계를 가르쳐주시고."

홍 대리는 이 주아가 자신에게 마음을 연 것 같아 몹시 기뻤다. 재판 기념 선물이라고 말한 뜻을 알 것 같았다. 예전엔 '문법' 하면 복잡하고 어렵다는 생각부터 했지만 지금은 아니었다.

홍 대리는 메일의 내용을 노트에다 옮겨 적으며 생각했다.

'그림책으로 기본 회화 공부는 했으니 유치원 수준은 되는 거겠지? 일본어 나이는 몇 살로 할까? 문법을 공부하려면 너무 어려도 안 되잖아. 그래, 일곱 살로 하자.'

- 2단계 : 문법 익히기
- 일본어 나이 : 7살
- 소요 기간 : 1개월
- 학습법 : 동사, い형용사와 な형용사를 확실히 공부하고 조동사는 접속만 외운다. 그 외의 자잘한 문법은 너무 집착하지 않도록 한다.
- 주의사항 :
  1. 문법을 공부하는 동안에도 그림책으로 추리하고 듣는 공부를 게을리 하지 않는다.
  2. 내가 아는 단어만 써서 말하는 연습을 한다.
- 내일 할 일: 문법책 구입하기. 두껍지 않고 쉬워 보이는 걸로.

일단 그동안 숙지한 문장들에서 문법의 구조를 파악할 수도 있겠다는 생각이 들어 보물섬을 탐험하는 호기심까지 일었다. 그리고 동사와 い형용사와 な형용사의 기본을 확실하게 알기만 해도 다른 것들이 절로 따라온다니 어렵게 느껴지지도 않았다.

이 주아는 스트레스를 받지 않고 공부하는 것이 중요하다고 강조하고 있었다. 그녀의 말이 깊이 와 닿았다. 어렵다고 생각한 순간 어렵지 않은 것도 어려운 것이 되는 것이다. 하기 싫다고 생각한 순간 해볼 만한 것도 하기 싫은 것이 되는 것이다.

마음이 먼저 벽을 쌓으면 충분히 가능한 일도 불가능한 일이 된다는 것을 홍 대리는 뼈저리게 느끼고 있었다.

'그래, 할 만해. 할 수 있어. 그것도 재미있게.'

홍 대리는 자신에게 용기를 주었다.

홍 대리는 지난 열흘, 문법을 공부하는 동안 사무실과 집만 왔다 갔다 했다. 지우의 작업실에 들를까도 생각했지만, 문법을 좀 더 집중해서 공부하고 싶어 자제했다. 그런데 어제 지우는 전화를 걸어 심심해 죽겠으니까 놀러 오라고 말했다.

'무슨 일이 있나?'

출근길에 문득 어제 지우와 통화한 것이 생각난 홍 대리는 고개를 갸웃거렸다. 지우의 작업실을 제 집처럼 들락날락거리는 유식과 우직이 있는데 뭐가 심심하다는 건지 알 수가 없었다.

'오늘 가보면 알겠지.'

그렇게 생각하며 출판사가 있는 건물로 들어섰다. 엘리베이터가 있는 쪽으로 가다 말고 홍 대리는 걸음을 멈췄다. 그 앞에는 세련과 신남이 엘리베이터가 내려오기를 기다리고 있었다. 홍 대리는 그들이 자신을 발견하기 전에 비상구 계단 쪽으로 걸음을 옮겼다.

'내가 왜 피하는 거야?'

기분이 좋지는 않았다. 그러나 그 둘이 함께 있는 모습을 보는 것보다는 나았다. 사무실까지 걸어 올라가는 것은 처음이었다. 12층이나 되는 높이를 언제 다 올라가나 싶기도 했다. 그러나 5층까지 올라간 뒤에는 운동 삼아 매일같이 해봐도 좋겠다는 생각이 들었다.

'따로 운동할 것 없이 이러면 되겠네. 올라가는 동안 일본어로 혼잣말을 하는 것도 괜찮고.'

홍 대리는 자기가 알고 있는 일본어 문장을 하나씩 말하기 시작했다. 아무도 듣는 사람이 없기 때문에 큰 소리로 말해도 부끄럽지 않았다.

"はじめまして。わたしは ハンです。どうぞ よろしく。(처음 뵙겠습니다. 저는 한입니다. 잘 부탁합니다.)

そらです。こちらこそ よろしく。(소라입니다. 저야말로 잘 부탁합니다.)"

그림책에서 나왔던 몇 가지 문장을 말하다 말고 홍 대리는 자신의 머리를 콩 때렸다.

"맞다. 왜 그 생각을 못했을까. '소라 상'을 나로 바꾸어 말하면 훨씬 편하잖아."

ミレさん、これは なんですか。(미래 씨, 이것은 무엇입니까?)
それは きものです。(그것은 키모노입니다.)

여기까지 말을 하는 데는 문제가 없었다. 그런데 문득문득 자꾸만 다른 말이 하고 싶어졌다. '어제 작업한 파일을 컴퓨터에 잘 저장했는지 기억이 안 난다'거나 '오늘 점심은 뭘 먹는 게 좋을까' 같은 지금 당장 머릿속에 떠오르는 말들이었다.

'점심은 뭘 먹을까?'는 일본어로 'お昼御飯、何食べようかな。'라고 하면 되지 않을까. 대충 짐작할 수 있었다. 그러나 '파일을 컴퓨터에 잘 저장했는지 기억이 안 난다'는 뭘까? '저장'과 '기억'이란 단어를 알지 못해 문장을 만들 수가 없었다.

홍 대리는 가방 속에서 사전을 꺼냈다. 단어만 알면 문장을 만들 수 있으니 별 문제가 없을 거라 생각했던 것이다.

"저장, 저장. 아. 있다. 貯蔵구나. 그럼 기억……. 아. 記憶네."

그녀는 자신이 계단에 쪼그리고 앉아 사전을 찾고 있다는 것조차 재미있게 느껴졌다. 아침부터 무언가에 몰두해 열심히 하고 있다는 생각이 들어서였다.

"昨日作業したファイル、ちゃんとパソコンに貯蔵したのかな。와, 멋진걸. 말을 만들 수 있네."

홍 대리는 자신이 만든 말을 수첩에 옮겨 썼다. 이 주아에게 보내 자신이 만든 문장이 제대로 된 것인지 검증받고 싶었다. 자기가 만든 말이 일본인은 알아듣지도 못할 비문인 걸 모른 채.

그렇게 일본어로 혼잣말을 하다 보니 어느 새 12층까지 와 있었다.

"좋은 하루입니다."

홍 대리는 사무실 문을 열며 활기차게 인사를 했다. 그런데 평상시와 달리 사무실 분위기가 좀 들떠 있었다.

"최 팀장님이 두 달 후에 결혼하는 거 알고 있었어요?"

뒷자리에 앉아 있던 이 대리가 홍 대리에게 물었다. 홍 대리는 깜짝 놀라 "그래요?"라고 말한 뒤 유성 쪽으로 다가갔다.

"선배, 날 잡았어요?"

"그렇게 됐다."

유성이 쑥스럽게 웃었다.

"그런데 여자 분이 일본인이라면서요?"

어디서 들었는지 이 대리가 묻자 유성은 그렇다고 대답해 주었다. 그러자 여기저기서 일본 사람을 어떻게 만나게 되었는지, 서로 말할 때 어떤 언어를 사용하는지 질문이 쏟아지기 시작했다. 유성은 사람들의 궁금증에 일일이 대답해 주며 결혼식에 꼭 참석하라는 말도 잊지 않았다.

"어쩐지 일본어를 잘하신다 했어요. 저도 해볼까 싶은데, 어때요? 공부하기 괜찮아요?"

이 대리가 물었다. 그러자 유성은 홍 대리를 가리키며 말했다.

"일본어는 홍 대리야. 요즘 열심히 공부하고 있거든."

"그래요? 정말요?"

이 대리가 의외라는 듯 말했다.

"이제 시작한걸요. 아직 잘 하진 못해요."

홍 대리는 쑥스럽게 웃었다. 그리고는 유성의 허리를 쿡 치며 "왜 그런 말을 해요?"라고 항의했다.

"소문을 내야 더 열심히 할 거 아냐."

유성이 천연덕스레 대답했다. 그가 자신을 생각해 그런다는 것을 모르는 바가 아니었던 홍 대리는 더 이상 투덜거리지 않고 컴퓨터부터 켰다. 잊기 전에 이 주아에게 이메일을 보내기 위해서였다.

그녀는 계단을 오르면서 자신이 만든 문장을 쓴 다음 비문은 아닌지 물었다. 내심 칭찬을 들을 거라는 기대도 있었다. '이제 공부한 지 석 달 조금 넘었는데 문장까지 만들다니 굉장하네요.' 어쩌면 이 주아는 그렇게 말해줄지도 몰랐다.

퇴근을 한 홍 대리는 지우의 작업실로 향했다. 심심하다고 하는 걸 보니 유식과 우직은 없는 것 같았다. 편의점에 들러 두 사람 분의 맥주와 안주를 샀다.

"나 왔어."

작업실 문을 열자 책상 앞에 앉아 있던 지우가 돌아봤다.

"요즘 발걸음이 너무 뜸한 거 아니야?"

"조금 바빴어. 공부하느라."

"오호, 공부하느라?"

"그래. 문법 공부."

"문법 들어갔구나. 어렵지?"

"별로. 그렇지도 않아. 이 주아 선생님이 자질구레한 문법까지 다안 해도 된다고 해서 마음 편하게 하는 중이야."

"그래? 그 선생님 교수법이 좀 독특한 것 같네. 저번에 그림책도 그렇고. 나중에 기회가 되면 나한테도 좀 가르쳐 줘."

"그렇게. 안 그래도 선생님이 가르쳐주는 공부법을 잘 메모해 두고 있거든. 메모하니까 확실히 머릿속에 더 잘 들어오더라. 그래서 자주 틀리는 문장이나 주의해야 할 상황 같은 것도 꼼꼼하게 적어 놓지. 일명 '미래의 비밀 노트'라고나 할까."

"하하. 멋지다. 그 이름."

"그건 그렇고, 유식 씨와 우직 씨는?"

"아, 그 남정네들은 일본에 가 있다네. 일주일 전부터."

"또 갔어?"

"응. 예전부터 1년에 대여섯 번 정도는 가."

"이번엔 무슨 일로?"

"도쿄에서 '도쿄 국제 애니메이션 페어'가 열리고 있는데 그곳에 작품을 냈거든."

"멋지다."

홍 대리가 그렇게 말하자 지우가 의미심장하게 웃으며 한마디 툭 내던졌다.

"네가 생각해도 우직이 멋지지?"

"아니, 여기서 우직 씨 얘기가 왜 나와?"

"우직이가 멋지다며?"

"둘이 창작품을 만드는 게 멋지다는 말이었지."

"그러니까, 우직이가 멋져 보인 거 아니야?"

지우의 말에 홍 대리는 어이가 없어 웃고 말았다.

"오! 내 말이 맞나 보네."

"말장난 그만하자, 친구."

홍 대리는 지우의 이마를 가볍게 치며 말했다. 그러나 내심 지우
의 말을 아주 부정하지는 않았다. 만날 때마다 느끼는 거지만 우직
은 진솔하고 듬직한 사람이었다. 그런 사람이 자신의 일에 몰두해
완성해 나가는 것을 옆에서 지켜보는데 멋지지 않을 리가 없었다.
그러나 그뿐이었다. 지금은 누군가에게 호감을 느꼈다고 연애로 빠
지고 싶지는 않았다. 그보다는 이왕 시작한 일본어 공부를 제대로
하고 싶다는 갈망이 강했다.

우직 역시 일본어를 잘 하기 때문에 일본의 애니메이션 세계까
지 진출하는 데 훨씬 유리했을 것이다. 그가 해내는 것처럼, 혹은
세련이 하는 것처럼 홍 대리 역시 무언가를 이루어내고 싶었다. 그
러니 지금 필요한 것은 일본어였다.

코페니스를 탈출하자

이 주아가 답장을 보낸 것은 이틀이나 지나서였다. 그동안 몇 번이나 이메일을 확인해도 답장이 없자 괜히 그런 메일을 보낸 건 아닌지 후회를 했다. 그런 상황에서 받은 메일이라 홍 대리는 여느 때보다 들뜬 기분으로 편지함을 열었다.

✉ 홍 대리님. 적극적인 자세는 참 좋습니다. 그러나 일본어를 공부할 때 주의할 점이 있습니다.

바로 코페니스로 말하지 않는 겁니다.

현지인들은 알아듣지 못하는 영어를 말할 때 콩글리시라고 하는 건 아시죠? 일본어도 마찬가지입니다. 일본인은 못 알아듣는, 한국인이 만들어낸 말이 바로 코페니스입니다. 일본어는 우리말과 어순이 같고 비슷한 단어가 많기 때문에 코페니스의 위험에 빠질 가능성이 높습니다.

코페니스의 주범은 바로 한일사전입니다. 말하고 싶은 욕구를 참지 못해 한일사전을 뒤지기 시작하는 순간 잘못된 일본어를 구사할 가능성이 급격히 높아지는 겁니다. 그 이유는 한국에서 쓰이는 단어와 일본에서 쓰이는 단어가 다르기 때문입니다.

예를 들자면, 한국에서는 '졸업학점'이라고 하지만 일본에서는 '졸업단위'라고 합니다. 또, 한국에서는 '약을 먹다'라고 표현하지만 일본에서는 '약을 마시다'로 표현합니다. 그런데 그것을 알지 못하고 '약을 먹다'를 한일사전에서 찾아 그대로 사용해 버리면 코페니스가 되는 거죠.

홍 대리님이 만드신 문장에서 '파일을 저장하다'도 코페니스입니다. 일본에서는 컴퓨터에 파일을 저장할 때, 우리처럼 저장한다는 표현을 쓰지 않고 '보존한다'(保存する)로 표현하기 때문입니다.

또 일본 여행 중 화장품 가게에서 '스킨'을 사기 위해 점원에게 '스킨을 달라'고 하면 무슨 말인지 알아듣지 못할 것입니다. 스킨이 아니라 화장수라는 표현을 쓰기 때문이죠.

이 같은 실수를 저지르지 않기 위해서라도 한일사전을 찾지 말아야 하는 것입니다. 그리고 아무리 답답해도 자신이 알지 못하는 단어는 말하지 않는 것이 좋습니다. 자신의 이야기를 하고 싶어도 멋대로 문장을 만들지 말고 8개월~1년 정도는 꾸준히 인내의 과정을 거쳐야 합니다.

"큰일 날 뻔했네."

홍 대리는 창피하기도 했지만 먼저 이메일을 보낸 건 정말 잘했다는 생각이 들었다. 이 주아의 답장을 받기 전까지도 홍 대리는 문장을 만들어내는 재미에 푹 빠져 벌써 몇 문장이나 만들고 있었던 것이다.

홍 대리는 노트를 펼쳤다. 제대로 된 일본어를 구사하기 위해서 몹시 중요한 학습법이라 생각하고 '코페니스 탈출법'이라고 써놓은 뒤 옆에다 별표까지 그려 놓았다. 일본어 나이까지 적어놓은 홍 대리는 흐뭇하게 웃었다.

코페니스 탈출법

1. 한일사전을 절대 찾지 않는다. 한국어와 일본어는 비슷해 보여도 다른 표현을 사용하는 경우가 많다.

2. 1년 동안은 아무리 하고 싶은 말이 있어도 내가 아는 일본어 외에는 하지 않는다. 어설프게 아는 걸로 말하다 보면 코페니스가 되기 쉽다.

3. 코페니스에 빠질 위험이 사라졌으니 일본어 나이는 열 살로 승격.

지우의 작업실에는 이미 우직과 유식이 와 있었다. 그들은 일본에서 돌아와 보고 들은 것을 말해주느라 정신이 없었다. 뛰어난 작품이 어찌나 많았던지, 자책까지 하고 왔다며 너스레를 떨기도 했다.

"일본어로 말하는 건 어때요?"

홍 대리는 그동안 늘 궁금했지만 일본을 제 집처럼 드나드는 사람들에게 질문하기에는 뜬금없을까 싶어 참았던 말을 꺼냈다.

"늘 드는 생각이지만, 여기서 공부하는 거랑 거기서 쓰는 게 다를 때가 많아요."

유식이 말했다. 마침 오늘 이 주아에게 받은 메일의 내용과 같은 주제의 이야기가 나오자 홍 대리는 반짝 눈을 빛냈다.

"우리랑 다른 표현이 많아서죠?"

"네. 맞아요. 미래 씨도 알고 계셨네요. 표현이 다를 뿐만 아니라 축약되거나 변형된 단어도 많아요. 우리도 사전에 나오는 말을 그대로 쓰지 않을 때가 많고, 문법도 안 지키는 경우가 태반이잖아요. 일본도 마찬가지죠. 그런 말은 책으로 배울 수가 없죠."

"그렇겠네요. 그럼 그럴 땐 어떡해요?"

"실수하지 않기 위해 현재 일본인들이 쓰는 말의 감각을 익힐 수밖에 없죠. 저희 같은 경우는 일본인 친구들을 만나 그들과 대화를 하면서 알아나가는 거죠."

유식의 말을 듣는 내내 홍 대리는 고개를 끄덕였다. 자신은 아직 그 단계가 아니기 때문에 그렇게 실감이 나지는 않았지만 언어라는 건 살아 움직이는 생명체 같다는 생각을 했다.

"그런데, 참. 선물은?"

지우가 손을 내밀었다. 우직과 유식은 씩 웃더니 가방에서 각자 도쿄 바나나와 기모노 옷을 입은 인형 두 개를 꺼내 들었다.

"우와, 나 이거 진짜 먹고 싶었는데."

지우가 탄성을 내지르며 도쿄 바나나의 박스 포장을 뜯기 시작했다. 박스에는 바나나 모양의 작은 카스텔라가 여덟 개 들어 있었다. 그들은 하나씩 맛을 봤다.

"맛있다."

홍 대리는 감탄했다. 입안에서 부드럽게 씹히는 질감이 꽤 마음에 들었다.

"너부터 골라. 마음에 드는 걸로."

지우가 말했다. 홍 대리는 인형 두 개를 유심히 살폈다. 그 인형들은 각각 다른 옷을 입고 있었다. 하나는 눈처럼 하얀 비단 천에 벚꽃을 수놓은 기모노였고, 다른 하나는 세련된 검은 색에 나비를 수놓은 기모노였다.

"이거."

홍 대리는 하얀 비단 천을 두른 인형을 뽑아 들었다.

"다행이다. 난 이게 마음에 들었거든."

둘은 각자 선택한 인형을 들고 두 명의 남자에게 고맙다고 인사를 했다.

문법은 그림책으로 공부하는 것과는 달랐다. 문장을 공부할 때는 매일 진도를 나가는 느낌이었지만 문법은 준비만 하는 기분이 들었던 것이다. 게다가 문법책만 펼쳤다 하면 잠부터 쏟아졌다. 그러다 보니 며칠 동안은 하루 30여 분도 책상 앞에 앉아 있지를 못했다. 그러던 어느 날 오후였다.

갑갑한 마음에 옥상에 올라간 홍 대리는 남녀가 중국어로 말하는 소리를 들었다. 말소리만 들렸던 처음 한 순간은 출판사가 있는 건물 어디에선가 일하는 중국인들일 거라 생각했다. 하지만 그들은 신남과 세련이었다. 세련은 신남에게 중국어를 가르치며 뭐가 우스운지 깔깔거리느라 옥상 문을 열고 들어서는 홍 대리를 미처 발견하지 못했다. 그러나 신남은 세련의 어깨 너머로 홍 대리가 들어서는 것을 발견하고는 어색하게 웃었다.

홍 대리는 그와 눈이 마주친 순간 묘한 감정을 느끼고 말았는데, 그것은 열등감과 질투가 뒤섞여 있는 기분 나쁜 종류의 감정이었다. 홍 대리는 도망치듯 돌아섰다. 그 순간 머릿속에 든 생각은 일본어였다.

'하고 말 거야. 해내고 말거야.'

그렇게 의지를 다지며 12층이 있는 사무실까지 걸어 내려왔다.

그 일이 있은 후 홍 대리는 조금이라도 게을러질 것 같으면 그날의 일을 떠올렸다. 마음을 다잡고 공부하지 않으면 언제라도 포기해 버릴 것 같았다. 그러면 세련이나 신남이 문제가 아니라 바로 홍 대리 자신이 스스로에게 실망할 것만 같았다. 그렇게 되지 않기 위해서라도 홍 대리는 비밀 노트에 매일 같이 자신의 의지를 다지는 글을 쓰기도 했다.

홍 미래, 넌 할 수 있어.

그렇게 쓰고 나서 공부를 시작하면 정말 뭐든 할 수 있을 것 같았다. 자신감은 공부와 비례하는 것 같았다. 자신감이 조금씩 붙으며 공부를 하는 시간도 다시 즐거워지기 시작했다.

그렇게 한 달을 보내고 나니 이제 뭘 해야 하는지 궁금했다. 노트에다 3단계라고 제목부터 써놓고는 비어 있는 칸을 유심히 쳐다봤다. 그리고는 예전보다 편하게 이 주아에게 전화를 해서 솔직하게 그 다음 단계를 듣고 싶다고 말했다.

"토요일 점심은 어떠세요? 오후엔 수업하셔야 하니까, 점심을 같이 하는 것도 괜찮을 것 같은데요?"

이 주아는 그러자고 시원하게 말했다. 그리고 홍 대리가 늘 강남까지 왔으니 이번엔 자신이 홍대입구까지 오겠다고 해서 약속 장소를 회사 근처로 정했다.

전화를 끊은 뒤 홍 대리는 시원하게 기지개를 한 번 켰다. 한 권의 책을 마스터한 건 생각보다 기분이 좋은 일이었다. 누구라도 좋으니 함께 책거리 파티를 하고 싶었다. 그러나 겨우 시작 단계에 있는 주제에 떠벌리고 다니는 것도 쑥스러웠다.

하루 종일 책상 앞에 앉아 있어 그런지 어깨가 아팠다. 목이 뻐근하고 어깨가 뭉치는 건 일종의 직업병이었다. 원고를 읽거나 교정 볼 때 구부정하게 앉아 고개를 숙이는 경우가 많아서였다.

어깨를 주무르는데 유성이 뭔가를 쑥 내밀었다.

청첩장이었다. 홍 대리는 그것을 들고 유성을 쳐다봤다.

"당연히 올 거지?"

"그럼요. 그런데 여기 진짜 좋던데."

결혼식장이 시청역 근처에 있는 호텔인 것을 보고 홍 대리는 감탄했다.

"사실, 이렇게 요란스럽게 하고 싶지 않은데, 전혀 모르는 낯선 땅으로 시집 오는 거잖아, 그 사람이. 그래서 최대한 해줄 수 있을 만큼 해주고 싶어 무리 좀 했다."

"그것도 그러네요. 그분은 한국어 좀 할 줄 아세요?"

"아직은 잘 못해. 그러니 걱정이지."

"나, 이분이랑 친하게 지낼래요."

"누구? 내 와이프 될 사람?"

"예. 일본어로 대화 많이 하게."

"어라. 의도가 좋지 않은데."

"헤헤. 그래도 봐줘요. 제가 좋은 친구가 되어서 외롭지 않게 지낼 수 있도록 도울게요."

홍 대리는 넉살 좋게 말하며 유성의 옆구리를 툭 쳤다.

"뭐, 연결해 줄 수 있지만, 그 다음은 알아서 해보라고. 그 사람이 마음에 안 들어 할 수도 있잖아."

"그런가? 그럼 진짜 우울한데."

홍 대리는 갑자기 풀 죽은 목소리를 내며 흘낏 유성을 봤다.

"만약 진짜 그런 일이 있으면 선배 책임이에요."

"어째서?"

"선배가 좋은 말 해주지 않으니까 그런 일이 생기는 거잖아요."

"참 내. 아직 생긴 일도 아닌데, 벌써부터 내 책임이냐."

"그러니까요. 나중에요."

"알았어. 일본어 공부 열심히 하고 있는 후배가 있는데, 그 때문에 당신과 친구가 되고 싶어 하더라고 전해줄게."

"어휴. 선배는."

유성은 다른 자리에도 일일이 청첩장을 돌렸다. 그러자 여기저기서 다른 결혼식과 시간이 겹쳐 못 간다느니, 예식장이 좋다느니 하는 말들이 들려왔다.

"좋을 때구나."

홍 대리는 컴퓨터 화면으로 눈을 돌리며 중얼거렸다.

3단계, そうです로 어휘 늘리기

퇴근길에 홍 대리는 지우의 작업실에 들렀다. 마침 우직과 유식도 있었는데, 그들은 일본어 스터디 중이었다.

"상관하지 말고 계속 공부해요. 초보자가 견학하게."

그들에게 방해가 되고 싶지 않아 한 말이었지만 그들의 스터디를 지켜보니 좋은 경험이 되었다.

얼핏 듣기에 그들은 유창한 일본어를 구사하는 듯했다. 그 중에는 지난 4개월 동안 홍대리가 공부했던 문장이나 단어도 간간이 섞여 있었다. 그 때문에 홍 대리는 입이 근질거렸다. 잘만 하면 그들 속에서 대화도 할 수 있을 것 같은 자신감도 생겼다.

홍 대리는 '나도 참여해도 될까요?'를 일본어로 하려 했지만 어떻게 말해야 하는지 알 수가 없었다. 지금까지 공부한 교재에서는 그 문장이 없었던 것이다.

'나도는 알겠는데. 참여를 모르겠단 말이야. 될까요는 いいです か로 말하면 되는데.'

정말 홍 대리는 어떤 말이든 하고 싶었다. 그런데 무턱대고 교재에 있는 문장을 말하는 건 대화의 맥을 끊는 것인데다, 바보 같이 보일까 싶어 그럴 수도 없었다. 그러는 와중에 '好きですか。(좋아합니까?)'라는 말이 귀에 들어왔다.

'好きですか。(좋아합니까?) 아이, 참 아는 단어인데.'

단어나 문장 중 자꾸만 아는 단어가 귀에 들리자 홍 대리는 말이 하고 싶어 죽을 지경이었다. 그러다 보니 그들의 대화를 듣고 있는 게 힘들어졌다.

결국 그녀는 지우에게 귓속말로 '먼저 간다'라고 한 뒤 작업실을 나와 버렸다. 복도를 따라 걷고 있는데 뒤에서 누군가 쫓아오는 소리가 들렸다. 돌아보니 우직이었다.

"왔다가 그냥 가는 법이 어디 있습니까?"

우직은 아쉬워 죽겠다는 표정을 지으며 다시 들어가자고 권했다.

"내일 중요한 약속이 있어서요. 오늘은 그냥 들른 거예요."

"아, 그래요?"

"네. 일본어 선생님을 만나기로 했거든요."

홍 대리는 하지 않아도 될 말까지 했다. 토요일에 만나는 누군가가 남자일 거라고 생각할까 봐 내심 걱정이 되었던 것이다. 그러나 곧 그것을 걱정하고 있는 자신이 우스워 그녀는 머쓱하게 이마를 쓰다듬었다.

"저기……."

"네?"

"몇 시에 만나시는지?"

"아, 점심 약속이에요."

"어디서……?"

"여기 홍대에서요."

"그럼 헤어질 때쯤 전화 주시겠습니까? 내일 같이 영화 보지 않을래요?"

"저랑요?"

당황한 홍 대리는 바보 같은 질문을 하고 말았다. 우직은 그녀가 거절할까 봐 긴장하고 있는 눈치였다. 그녀는 잠시 머뭇거렸다.

"일본 영화인데, 일본어 공부에도 도움이 될 것 같아서요."

우직이 빠르게 말했다. 홍 대리는 그의 표정과 말투가 우스워 그만 픽 웃으며 그러겠다고 약속했다.

"아, 고맙습니다. 그럼 스터디 때문에……. 들어가 봐야 해서……. 내일 뵙겠습니다."

기쁨을 감추지 못하며 우직이 작업실로 들어갔다. 뒤이어 다른

사람들의 환호성 소리가 들렸다. 홍 대리는 또 픽 웃었다. 서른이
넘은 남자가 소년같이 수줍어하는 게 어찌 보면 귀엽기까지 했던
것이다.

"창작을 하는 사람이라 그런가? 사람이 참 순수하네."

자꾸만 웃음이 나왔다.

이 주아와는 오후 1시에 만나기로 약속했지만 홍 대리가 홍대 역
에 도착한 시간은 12시 즈음이었다. 서점에 들려 이런저런 일본어
교재를 살펴본 다음에 이 주아를 만나면 도움이 될 것 같아 일찍
나온 거지만, 막상 교재를 봐도 어떤 게 좋고 나쁜지 잘 알 수가 없
었다. 결국 눈에 띄는 교재 몇 가지의 제목을 필기한 뒤 약속한 장
소로 갔다.

이 주아는 약속시간에 정확하게 맞춰 카페 안으로 들어섰다. 그
녀는 창가 쪽에 앉아 있는 홍 대리를 발견하고 예의 그 활기찬 발
걸음으로 다가와 앉았다.

"홍대엔 오랜만에 와 보네요."

이 주아는 생글 웃으며 말했다.

"예전과 많이 달라졌죠? 여긴 매일같이 바뀌는 것 같아요."

"그러네요."

이 주아는 창밖으로 보이는 거리를 보며 고개를 끄덕였다.

둘은 그 이후에도 홍대 거리에 관한 이야기를 나누었다. 몇 번 만나서 그런지 처음에 만났을 때보다는 덜 어색하게 대화를 나눌 수가 있었다.

식사를 끝낸 후에 홍 대리는 솔직하게 다음 단계에 뭘 해야 하는지 가르쳐 달라고 했다.

"홍 대리님도 인내심이 꽤 있는 편이에요. 만나자마자 묻고 싶었을 텐데. 제가 공부할 때도 그랬거든요. 이번엔 이걸 끝냈으니 다음엔 어떤 것을 해야 하나, 궁금해하고 재미있어 했죠."

"솔직히 전 그렇게 재미있지만은 않았어요."

"그야, 일단은 공부니까요. 그래도 알아가는 재미가 좋지 않았어요?"

"네. 그건 그래요."

"홍 대리님이 앞으로 3개월 동안 공부해야 할 내용이에요."

이 주아는 홍 대리 앞으로 편지봉투를 내밀었다.

"말로 설명하는 것도 좋겠지만, 그러면 홍 대리님이 여기에서 열심히 필기하셔야 하잖아요. 그래서 정리해서 가져온 거예요."

홍 대리가 봉투를 열자 편지지가 두 장이 나왔다.

"한 장은 3단계에 해야 할 내용이고, 다른 한 장은 사전을 찾는 법이에요."

이 주아가 설명해 주었다. 홍 대리는 3단계 학습법부터 읽기 시
작했다.

홍 대리님. 3단계까지 오게 되었네요. 3단계는 3개월가량 일본어 독해 책으
로 공부하는 겁니다.

교재는 일기든 동화든 전혀 상관이 없습니다. 본문 내용이 짧고 쉬우면 됩니다.

단, 반드시 본문 번역이 뒤쪽에 있는 것을 선택하세요.

독해를 하다 보면 모르는 한자가 꽤 많이 나올 겁니다. 한자를 찾는 방법은 다른

편지지에 따로 써두었으니 그것을 참고하세요.

일단 독해를 하면서 알게 된 문장은 전문의 조동사 そうだ를 활용해 입에서 자연

스럽게 나올 때까지 반복해 말해보세요.

전문의 조동사 そうだ는 이번 3단계 공부에서 가장 중요한 부분입니다.

그럼 전문의 조동사 そうだ가 무엇인지 말씀을 드리겠습니다.

우리가 대화를 할 때 자신의 이야기를 하기도 하지만, 타인의 이야기나 어디서 들

은 이야기를 하기도 하죠. 그럴 때 쓰는 표현은, '누가 ~라고 하더라' '텔레비전에

서 ~라고 들었어' 등일 겁니다. 일본어 책이나 일본 드라마, 뉴스 등을 통해 익힌

문장을 타인에게 자연스럽게 전해주다 보면 그것이 자신의 표현이 될 수 있습니

다. 또, 그런 방법을 통해 익힌 표현이 점점 많아지면 자신이 생각하고 있는 내용

을 정확히 전달할 수도 있게 됩니다.

좀 더 정확한 이해를 위해 예문을 들어보겠습니다.

私は半年前に中国から来た留学生です。(나는 반 년 전에 중국에서

온 유학생입니다.)

今、父の友だち、金さんの家に住んでいます。(지금은 아버지 친구

분인 김씨의 집에서 지내고 있습니다.)

위의 문장을 공부했다면 단순히 이 문장만 외우는 데 그치지 말고, 내 주변사람의

이야기인 양 회화에 응용하면 됩니다. 이 때 전문의 조동사 'そうだ'를 붙이면 자

연스럽게 전달되는 거죠.

リンさんは半年前に中国から来た留学生だそうです。(린상은 반

년 전에 중국에서 온 유학생이라고 합니다.)

今、父の友だち、金さんの家に住んでいるそうです。(지금은 아버

지 친구 분인 김상의 집에서 지내고 있다고 합니다.)

'そうだ'를 붙이는 방법은 의외로 간단합니다. 문장 끝을 낮춤말로 바꾸고 'そうだ'

를 붙여주면 됩니다. 입에서 줄줄 나올 때까지 문장 끝부터 연습하세요.

예를 들면, 문장의 끝부분부터 留学生だそうです。완전히 입에 익으면 中国から

来た留学生だそうです。이 부분도 완전히 입에 익으면 リンさんは半年前に中国

그러고 나서 이름이나 시간, 지명 등 바꿔 말해도 틀리지 않을 부분만 바꾸어 응용합니다. 점점 익히는 문장이 많아지면 표현이 입에 익게 되고, 어떠한 상황에 어떤 말을 해야 하는지 느낄 수 있게 될 것입니다. 당연히 어휘력도 늘 수밖에 없겠지요.

다시 정리하자면, 이렇습니다.

독해를 하며 알게 된 문장에 そうだ를 붙여 활용해 보는 겁니다. 그러나 한 번 말하는 것으로 끝내지 않기 위해 수십 번 반복해 입으로 뱉어내며 자연스럽게 습득하도록 해야 합니다.

그럼 자연히 문장 공부가 될 뿐만 아니라 그만큼 어휘를 많이 알게 되겠지요. 그리고 そうだ를 붙여 활용했기에 일상생활 언어를 또 그만큼 많이 말할 수 있게 되는 효과가 있습니다.

단, 교재에 있는 내용으로만 연습하세요. 자의적으로 문장을 만들 경우 코페니스에 빠질 위험이 있다는 거 잊지 마시고요.

홍 대리는 그녀의 글을 꼼꼼하게 다 살펴 읽었다. 당장이라도 비밀 노트에 정리하고 싶었지만, 앞에 사람을 앉혀두고 그러는 건 실례일 것 같아서 꾹 참았다.

"사전 찾는 법도 읽어봐요."

"네."

홍 대리는 다른 편지를 펼쳐 읽었다.

✉ 이미 몇 달간 공부를 하셨기 때문에 아는 단어들이 많을 겁니다.

그런데도 한자가 많아 당황스러울 때가 있을 겁니다. 당황할 필요도 겁낼 필요도

없습니다. 우선 아는 단어만 가지고 대충 흐름과 상황을 살펴보십시오. 아는 부분

을 컬러 펜으로 체크해가며 대충 무슨 얘기인지 추리하세요.

히라가나와 달리 카타카나는 다 익히지 못했을 겁니다. 카타카나 부분을 복사해

가지고 다니며, 히라가나를 익혔던 방식으로 퍼즐 맞추듯 읽어나가시면 좋을 겁

니다.

사전을 찾을 때에도 읽는 방법이 다른 경우가 있습니다. 문장 하나로 예를 들어

보겠습니다.

私は 7年前、結婚しました。(나는 7년 전에 결혼했습니다.)

한자가 한 글자일 경우에는 뜻으로 읽으면 됩니다.

한자 私의 음은 し이고, 뜻은 わたし(나, 제)입니다.

私는 한 글자이므로 뜻으로 읽어 わたし라고 읽습니다. 본문의 한자 위에 わたし

라고 써넣는 거죠. 예) 私(わたし)

한자가 두 글자 이상일 때는 음으로 읽습니다.

結婚(결혼)에서 結의 음은 けつ이고, 뜻은 むすぶ(연결하다, 잇다)입니다. 婚의 음

은 こん이고, 뜻은 없습니다. 結婚은 두 글자이므로 음으로 읽어 結婚(けっこん)이라고 읽습니다.

물론 여기에서도 예외는 있습니다.

7年前에서 年의 음은 ねん이고, 뜻은 とし(나이, 연령)입니다. 前의 음은 ぜん이고 뜻은 まえ(앞)입니다. (ねんまえ)

한자가 두 글자 이상인데도, 상황에 따라서는 앞 前자처럼 음으로 읽지 않고, 뜻으로 읽습니다.

아, 그리고 만약 전자사전을 아직 구입하지 않으셨다면 참고해 주세요.

시중에 나오는 대부분의 사전은 자판에서 부수를 찾아 선택하고 한자를 일일이 찾아야 합니다. 그렇게 되면 꽤 오랜 시간이 걸릴 뿐만 아니라 찾지 못하는 경우도 있습니다. 그런 점을 보완하기 위해 나온 사전이 있습니다. 그것은 터치 펜으로 한자를 쓰면 해당 한자가 뜨도록 만든 것입니다. 그런 기능이 있는 사전을 찾아 구입하는 것이 좋습니다.

이번에도 건투를 빕니다.

두 편지를 다 읽은 홍 대리는 감격한 나머지 이 주아의 손을 덥석 잡았다.

"선생님. 정말 고맙습니다."

- 3단계 : 'そうだ'로 말하는 연습하기

- 일본어 나이 : 문장을 활용해 이 말 저 말을 할 수 있으니 12살.

- 소요 기간 : 3개월.

- 학습 방법 :

  짧고 재미있는 글이 담긴 것으로 독해 책을 구입한다. 하루에 10문

  장씩 뜻을 추리해 본다. 모르는 단어는 사전을 찾아서 뜻을 알아낸

  다. 글에 나온 문장을 공부할 때 자연스럽게 'そうだ'를 붙여 활용하

  는 연습을 해본다. 한두 번 말하는 것으로 그치는 것이 아니라 입에

  붙을 때까지 반복해 말한다.

- 주의할 점 :

  1. 교재에 있는 문장에만 'そうだ'를 붙여 연습한다.

  2. 전자사전을 구입할 것. 터치 펜이 있어 한자를 쓰면 해당 한자가

     뜨는 기능이 있는 사전으로.

| 2단계 미션 |

코페니스 퇴치하기

일본어를 처음 접하는 새로운 학생들을 만나 지도할 때면 매번 느끼는 점이 있다. 알고 있는 일본어 이휘가 진혀 없는네도 불구하고 학생들은 조금만 배우면 마구마구 일본어로 얘기하고 싶어 한다. 한국식 비문 영어를 '콩글리쉬'라고들 말한다. 미치도록 가슴에 와 닿는 말이다. 일본어도 마찬가지다. 제발 '코페니스'만은 그만둬, 제~발.

단어만 외워서 회화를 시도하려는 사람들은 조사가 틀리고, 표현도 틀린다. 일본어와 한국어는 어순은 같지만 상황에 따른 단어와 표현이 완전 다르기 때문이다. 예를 들면 이렇다.

한국어: 1학년   일본어: 1년생

한국어: 졸업 학점   일본어: 졸업 단위

한국어: 얼굴 로션   일본어: 유액

한국어: 시험을 보다   일본어: 시험을 받다

한국어: 일기예보　　　　일본어: 날씨예보

한국어: 따뜻한 물　　　　일본어: 湯(ゆ, 끓인물 탕, 별도의 단어가 있다)

한국어: 계산기　　　　　일본어: 電卓(でんたく, 전기 전·탁상 탁)

　일본어를 공부하는 사람에게 가장 위험한 도구가 한일사전이다. 뭔가 말하고 싶고 표현하고 싶은 욕구를 참지 못하고 한일사전을 펴드는 순간, 당신은 일본어가 아닌 코페니스를 하게 될 것이다. 나는 코페니스의 주범은 한일사전이라고 생각한다. 흔히 사람들의 생각이란 거기서 거기라고 하지만, 그 나라 사람들의 오랜 습관인 언어는 그 나라 사람들만의 표현으로 탄생된다.

　예를 들어 '컴퓨터에 파일을 저장했다'라는 말을 하고 싶어 한일사전에서 '저장'이라는 단어를 찾는다면 '貯蔵(ちょぞう)'라고 사용하게 될 것이다. 아마 'パソコンに ファイルを 貯蔵(ちょぞう)した'(컴퓨터에 파일을 저장했다)라는 문장을 일본인이 듣는다면 뭔 소리인가 싶을 것이다.

　또 일본 여행 중 화장품 가게에서 '스킨'을 사기 위해 점원에게 '스킨'을 달라고 한다면 무슨 말인가 어리둥절해할 것이다. 외래어니까 당연히 통할 것이라 생각하기 쉽지만 그들만의 언어습관이 따로 있다는 것을 기억하시라~(그들은 '화장수'라고 표현한다).

　우리는 보통 '약을 먹는다'라고 표현한다. 약의 종류가 가루약이든 알약이든 물약이든. 그러나 일본인들은 항상 'くすりをのむ(약을 마신다)'라고 표현한다. 한국식 표현으로 생각해서 그 단어를 한일사전으로 찾는다면 실수하기 쉽다는 것을 단적으로 보여주는 예다.

코페니스를 없애기 위해서는 일본어 책이나 드라마, 뉴스, 또는 사전에 나와 있는 예문을 통해서 익힌 문장들을 입으로 토해낼 수 있도록 외운 다음, 그것을 전문의 조동사 'そうだ'를 이용하여 대화 속에 활용하는 과정을 거쳐야 한다. 자신의 이야기를 하고 싶어도 자신의 어휘력이 그럴 수 있는 상황이 아니란 점을 확실히 기억하라. 멋대로 문장을 만들지 말고 8개월 이상 꾸준히 아는 말을 늘려가는 인풋input의 과정을 거쳐야 한다.

외국으로 유학을 간 사람들이 처음 겪게 되는 괴로움 중 하나가 표현하지 못하는 답답함일 것이다. 머릿속에는 수천 가지 생각이 흐르는데 한 마디도 표현하지 못하니 미치고 팔짝 뛸 노릇이겠지만, 이 과정을 거치면서 눈치가 길러지고 풍부한 표현을 익히게 되는 것이니 충분히 가치 있는 인내의 시간이라고 할 수 있겠다.

| 3단계 미션 |

일본인이 사용하는 언어로 어휘력 늘리기

하나의 언어를 구사할 때 보통 3500단어 정도는 알고 있어야 회화가 가능하다고들 한다. 맞는 말이다. 그러나 일반적으로 3500단어 이상의 어휘를 가지고 있으면서도 회화를 구사하지 못하는 사람이 많다. 안타깝지만 현실이다. 이유는 간단하다. 모국어처럼 학습하지 않기 때문이다.

모국어를 배울 때는 '엄마'라는 하나의 단어를 입으로 토해내기까지 수천 번 반복한다. 그 하나가 완전해지고 나서야 엄마는 다른 또 하나의 단어를 연습시킨다. 아이가 말 한마디 입으로 토해냈을 때 온 가족 모두 기뻐 난리가 난다. 외국어를 학습할 때 이 점이 어른과 아이들의 차이점이다. 어른들은 머리로 하고 아이들은 입으로 한다. 어른들은 3500단어를 우선 머리로 외우고 그 다음에 회화를 시도한다. 아이들은 그때그때 상황에 맞는 말을 입으로 토해내가며 체득해간다. 처음에는 단어로 시작해 점점 문장으로 발전해간다.

유치원에 다니는 아이들을 눈여겨보라. 같은 노래를 완전히 입으로 부를 수 있을 때까지 선생님은 가르치고 아이들은 따라한다. 아이들은 모국어를 배울 때나 외국어를 배울 때나 같은 방식으로 체득해간다. 미래의 일본어 천재가 될 당신도 아이처럼 입으로 토해낼 수 있을 때까지 입으로 반복하라.

배우들 역시 처음 대본을 접했을 때는 남의 옷을 입은 것처럼 아주 어색할 것이다. 그러나 연습에 연습을 거듭할수록 어느새 본인은 물론 시청자까지도 배우 누구누구가 아닌 진짜 장희빈인 양 TV를 향해 화를 내기도 하고 욕을 하기도 한다. 배우가 대본으로 연습하듯 당신은 책을 대본 삼아 연습하라. 주인공을 내 친구라고 가정하고 연습하라. 내가 결혼하지 않았더라도 전문의 조동사 'そうだ'를 활용한다면 얼마든지 볼륨 있게 스토리를 만들어 이야기를 전개해갈 수 있다.

"내 친구는 3년 전에 결혼했습니다. 결혼 6개월 전부터 식장, 드레스를 빌리고 초대장도 주문하는 등 여러 가지 준비를 했다고 합니다. 신혼여행은 바다가 아름다운 필리핀의 보라카이로 갔다고 합니다. 지금은 딸이 태어나 가족 셋이서 아주 행복하다고 합니다."

이런 식으로 내 경험이 아니어도 말할 수 있다. 대신 스토리는 당신이 만들면 절대 안 된다. 교재에 있는 문장에다가 당신이 할 일은 그냥 'そうです'를 붙여 입으로 연습하는 것뿐이다. 하루에 10문장을 골라 이런 식으로 어휘를 늘려가라. 공부하는 분량은 그 정도면 된다. 이 방법만이 코페니스를 쓰지 않고 어휘력을 늘리는 가장 확실한 방법이다. 애드립 없이 시키는 대로만 했다면? 8개월 정도 지나 당신은 자신도 모르는 사이, 마치 모국어를 구사하듯 자연스럽게 일본어 회화를 토해낼 수 있게 될 것이다.

목표가 있어야 계속하는 힘이 생긴다

4장

공부할 시간을 확보하라

"<ruby>今日<rt>きょう</rt></ruby>は<ruby>雨<rt>あめ</rt></ruby>が<ruby>降<rt>ふ</rt></ruby>るそうです。"(오늘은 비가 내린다더라.)

지우의 작업실로 들어서며 홍 대리가 말했다. 지우는 창밖을 흘 끗 본 다음 고개를 갸웃거리며 홍 대리를 봤다.

"<ruby>傘<rt>かさ</rt></ruby>を<ruby>持<rt>も</rt></ruby>って<ruby>行<rt>い</rt></ruby>ったほうがいいです。"(우산을 준비해야 한다더라.)

"너 뭐하는 거니?"

지우가 눈을 동그랗게 뜨며 말했다.

"응. 독해 책에 '오늘은 비가 내립니다'라는 문장이 있었거든. 여 기에 そうだ를 붙이니까 내가 하는 말 같지 않아?"

"굉장한걸. 나도 처음에 그런 연습을 먼저 했으면 더 빨리 배웠을 텐데. そうだ로 문장 만드는 거 재밌어?"

"응!"

홍 대리가 힘차게 말하자 지우는 쿡쿡 웃었다.

"어? 왜 웃어?"

"그거 알고 있어? 요즘 너, 눈은 반짝반짝 빛을 내고 있는데다 움직임이 활기차."

"그래? 옷 때문인가? 요즘 운동화가 편해서 바지를 자주 입거든."

"그 때문은 아닌 건 같은데. 처음 만났을 땐 풀 죽은 배추 같았는데, 지금은 밭에서 막 딴 배추 같아."

"뭐? 배추?"

"좋게 말한 건데."

"그래도 그렇지. 더 좋은 비유도 있잖아."

홍 대리는 짐짓 토라진 척했지만 기분은 좋았다.

'아, 내가 그렇게 보이는구나.'

그런 생각을 하며 그녀는 지우가 그랬던 것처럼 쿡쿡거리며 웃었다.

"하여튼 칭찬이지?"

"그래. 칭찬이다. そうだ를 활용하는 것도 그 선생님께 배운 거야?"

"그저께 만났었잖아. 그때 공부법을 정리해서 편지로 주시던걸."

"진짜? 봐도 돼?"

"지금은 없는데. 집에 잘 모셔뒀지. 대신 이 노트를 봐. 그동안 학습법을 정리한 건데 여기 편지 내용도 있으니까."

156

홍 대리는 가방에서 '비밀 노트'를 꺼내 지우에게 건넸다. 지우는 노트의 앞장부터 찬찬히 훑어보며 연신 고개를 끄덕였다. 그러다 어느 한 부분에 눈길을 멈추더니 홍 대리에게 말했다.

"오, 추리. 이걸 몰랐네. 난 사전부터 찾았는데. 정말 이 학습법대로 한다면 조금 모르는 단어가 나와도 당황하지 않고 해석해낼 수 있겠다. 사실, 우리 말을 해도 그렇잖아. 문장의 앞뒤 맥락을 살펴 어떤 단어를 이해하기도 하고, 끼어 넣기도 하잖아. 와, 진짜. 이렇게 공부했으면 좋았을 텐데."

지우가 아쉬워하며 말했다.

"왜, 지금이라도 그렇게 하면 되잖아."

"그건 그래. 지금부터라도 이 방법 써봐야겠다."

지우는 말하다 말고 갑자기 생각났다는 듯 의미심장한 미소를 지으며 홍 대리를 쳐다봤다.

"뭐야? 그 표정은?"

"토요일에 우직이랑 영화 봤다며?"

홍 대리는 귓불까지 빨개졌다. 그냥 영화만 봤을 뿐인데도 뭔가 숨기다 들킨 아이 같은 느낌이 든 것이다. 그래서 괜히 말을 더듬거리며 "그냥 재미있는 영화가 있기에."라고 얼렁뚱땅 넘기려 했다.

"에이. 우직이 말은 좀 다르던데."

"뭐, 뭐라 했는데?"

"영화도 보고, 밥도 먹고, 차도 마시고, 공원에서 산책도 하고."

"그러니까, 내 말이. 재미있는 영화가 있어 만난 김에 밥도 먹고 한 거지."

"하하. 우직이 옆방에 있는데 부를까?"

"됐어. 바빠. 집에 가서 공부할 거야."

홍 대리는 급하게 가방을 챙겨들고 지우의 작업실을 나섰다.

"ただいま。(다녀왔습니다.)"

집에 도착한 홍 대리는 큰 소리로 말했다. 거실에 앉아 있던 엄마는 어이가 없다는 표정으로 홍 대리를 돌아봤다.

"뭐냐?"

"일본어. 엄마, 이제 가끔 일본어로 말할게."

"얘가, 뜬금없이. 그걸 내가 어떻게 알아들어?"

"에이. 한 번만 도와줘. 울렁증을 극복하려면 이렇게 연습하는 게 좋대."

"알았다. 대답은 안 해줘도 되지?"

"당연하지. ありがとう。(고마워요.)"

엄마는 생각보다 쉽게 수긍해 주셨다. 홍 대리는 그게 고마워 엄마를 뒤에서 잠시 껴안고는 자신의 방으로 들어갔다.

"밥은?"

현관문을 나서는데 엄마가 부엌에서 나오며 말했다.

"아, 맞다. 밥. 빨리 줘요. 빨리 먹고 나가게."

"오늘은 어쩐 일로 일찍 일어나서는 엄마 부려 먹을 생각부터 하냐?"

"ごめん。(미안해요.)"

"괜찮아. 딸."

"어, 뜻을 안 거야?"

"그 정도는 알지."

엄마는 기세등등하게 말했다.

"또 말해봐? これいくらですか。(이건 얼마예요?) ありがとうございます。(고맙습니다.)"

"우와. 엄마, 잘하네. 일본 여행 몇 번 다녀온 보람이 있구나. 같이 일본어 공부할까?"

"머리가 굳어서 힘들어."

"에이. 그런 게 어딨어? 엄마는 자주 놀러 다니니까 해두는 것도 괜찮을 것 같은데? 어려운 거 말고 일상 회화 간단하게."

홍 대리가 그렇게까지 말하자 엄마는 솔깃해서 "그럴까?"라고 대답했다.

"응. 그냥 많이 쓰는 말 있잖아. 그거 매일 내가 한 문장씩 말할 게. 한 문장이라도 어디야? 한 달이면 30개. 1년이면 365개잖아."

"하하하. 말은 쉽네. 어쨌든 한 번씩 던져봐. 딸 덕 좀 보자."

"나도 엄마 덕 보는 거지. 엄마 때문에 복습은 확실하게 하겠다."

엄마의 호응에 홍 대리는 기분이 좋아졌다.

사람들로 복작거리는 전철 안에서는 제 몸 하나 가누기도 힘들었다. 손만 겨우 내밀어 A4 용지를 들고 읽는 것도 쉬운 일은 아니었다. 홍 대리는 결국 그것을 가방 속에 집어넣어 버렸다. 문이 열릴 때마다 짐짝처럼 이리저리 밀쳐지는 몸의 중심을 잡는 데에만 집중하기로 했다.

사무실에 도착했을 때에는 진이 다 빠져나간 느낌이었다. 아무 생각 없이 그냥 전철을 타고 왔으면 좋았을 텐데, 그 시간에 일본어 한 문장이라도 더 외우자는 목적을 달성하지 못한 데 대한 스트레스가 더해졌기 때문이었다.

'차를 구입해 버릴까? 일본어를 들으면서 출퇴근하는 것도 좋잖아. 아니야. 그런 돈이 어딨어? 유지비는 또 어떻게 하고?'

홍 대리는 그런 생각을 하며 머리를 흔들었다.

"재미있다, 아주."

옆에서 유성이 말했다.

"뭐가요?"

"네 표정. 혼자서 무슨 생각을 하기에 찌푸렸다가 웃다가 고개를 흔들다가."

"내가 그러고 있었어요?"

"그래."

"휴. 그런 게 있어요. 그나저나, 선배. 결혼 준비는 잘 되어 가고 있어요?"

"그럭저럭."

"필요한 거 있어요? 그냥 직장 동료면 축의금 내고 말겠지만……. 선배는 선배잖아. 축하하는 마음을 진심으로, 진짜 진심을 담아 선물하고 싶은데."

"쳇. 진짜 진심이 아니어도 괜찮거든."

"어쨌든. 뭐가 필요해요?"

"냉장고."

"헉."

"빼고, 아무거나."

"아무거나? わかりました。(알았어요.) 내 마음대로 정해볼게요."

"하하. 無理しないで。(무리하지는 마.)"

"당연하지. 내가 얼마나 가난한데."

다시 자기 책상으로 눈을 돌린 홍 대리는 핸드폰 메모에다 '선배 결혼 선물'이라고 저장해 두었다. 결혼 전에 선물을 주려면 지금부터라도 생각을 해두는 것이 좋을 것 같아서였다. 그러다 문득, 전철 안의 일이 생각났다. 이대로는 출퇴근 시간을 활용해서 일본어 공부를 할 수 없을 것 같았다.

'어쩐다.'

홍 대리는 자신도 모르게 양볼 가득 바람을 넣고는 곰곰이 생각에 잠겼다.

'아무래도 그 방법밖에 없나?'

볼에 잔뜩 넣은 바람을 서서히 빼자 뿌뿌거리는 소리가 났다. 옆에서 유성이 키득 웃는 소리가 들렸다. 홍 대리는 밉지 않게 눈을 흘겨주고는 핸드폰 메모에 글을 쓰기 시작했다.

한 시간 전에 출근하기.

그 정도 시간이면 전철 안에서 여유 있게 일본어 공부를 할 수 있

162

을 듯했다. 또, 매일 아침 사무실에서 공부할 수 있는 시간도 확보
가 될 것이었다. 다만 문제는 실천하기 어렵다는 것이었다. 그녀는
스스로를 잘 알고 있었다. 작심삼일, 늦잠. 이제까지 무수하게 계획
을 짰지만 제대로 행한 적은 별로 없었다.

'그래도, 이렇게라도 해야 하는데.'

절로 한숨이 나왔다. 그 정도의 노력도 하지 않고 일본어를 제대
로 구사하기는 힘들 것 같았다.

'하루 3시간 정도는 공부할 시간을 확보해야 하는데……. 하자.
그까짓 것. 일찍 일어나면 되지.'

생각만큼 실력이 늘지 않아!

"결혼 선물로 뭐가 좋을까?"

지우의 작업실에서 독해 책의 문장을 읽다 말고 홍 대리가 물었다.

"누가 결혼해?"

"응. 선밴데, 좋은 걸 해주고 싶어."

"언젠데?"

"한 열흘 정도 남았나? 생각이 안 나서 자꾸 미루게 되네."

"그럼 우리 지금 사러 나갈까?"

"나야 좋지만……. 넌 괜찮아?"

"작업실에만 있었더니 세상 돌아가는 꼴을 모르겠다. 명동 가자."

"에? 이 주변도 괜찮지 않나?"

"쇼핑의 거리잖아. 그리고 일본인도 많대."

일본인이라는 말에 솔깃한 홍 대리는 "그래?"라고 말하면서 가방부터 챙겼다.

"성격 급한 건 알아줘야겠다. 잠깐. 이것만 정리하고."

지우가 원고를 챙겨놓는 동안 홍 대리는 독해 책의 문장을 읽기 시작했다. 명동에 나가 쇼핑을 하면 집에 가서 공부를 하지 않을 것 같아서였다.

"처음엔 나도 그랬다."

지우가 웃으며 말했다.

"뭘?"

"열성을 다하여 공부, 공부!"

"자투리 시간이라도 이용해야지."

"그려. 그럴 때란다."

지우는 아이를 다루듯 홍 대리의 머리를 쓰다듬었다. 홍 대리는 장난스럽게 그녀의 손을 툭 치고는 빨리 가자고 했다. 둘은 사무실을 나와 명동 쪽으로 향했다.

홍대 역 근처만 해도 사람들이 꽤 많다고 여겼지만 명동은 많다 정도의 수준이 아니었다. 그야말로 인산인해를 이루고 있었는데, 한 걸음 걸을 때마다 사람과 부딪힐 정도였다. 그러나 홍 대리를 놀라게 한 것은 거리의 복잡함이 아니었다.

"세상에. 일본어만 써."

즐비하게 늘어서 있는 화장품 가게 앞에서 호객을 하는 사람들은 거의 일본어로 말하고 있었다. 뿐만 아니라 길 중간에 서 있는 리어카에서 물건을 파는 사람들 중에도 일본어로 손님을 끌고 있는 사람이 많았다.

"요즘 일본 관광객이 명동에서 쇼핑을 많이 한다더니. 왜, 있잖아. 우리나라 화장품 싼데다 품질이 좋다고 여기 와서 구입한대."

지우는 며칠 전 신문에서 그런 기사를 읽었다며 설명해 주었다. 그녀의 말마따나 명동 거리를 걷고 있다 보니 여기저기서 일본어가 들렸다. 행인들 중에서 반은 일본인인 듯했다.

"저기 둘러보자."

지우가 가리킨 곳에는 대형 화장품 가게가 있었다. 그 앞에서 마이크를 잡고 있는 여자는 일본어로 쉴 새 없이 말하는 중이었다.

"ご入店していただくだけでも景品を差し上げます。どうぞご覧くださいませ。(들어오시기만 하셔도 선물을 드립니다. 구경만 하세요.)"

단어를 다 알아들은 것은 아니었다. 그런데도 그녀가 대충 어떤 말을 하고 있을 거라는 추측은 할 수 있었다. 한국어로 말할 때에도 보통 중저가 화장품 가게에서 하는 말이 있기 때문이다.

"何かお探しのものがございますか。"(찾으시는 게 있으세요?)

가게로 들어서서 진열된 물건들을 구경하고 있었더니 점원이 와서 물었다. 아무래도 그녀들을 일본인으로 착각하고 있는 듯했다.

"リップスティック見たいんですけど。"(립스틱 좀 보려고요.)

지우가 천연덕스럽게 말했다. 그때까지는 홍 대리도 그녀들의 말을 다 알아들을 수 있었다.

문제는 그 다음부터였다. 이런저런 설명을 하는 점원이나 무언가를 계속 물어보는 지우의 말을 알아들을 수 없었던 것이다. 그녀들의 말이 몹시 빠르기도 했지만 모르는 단어가 계속 나왔기 때문이다.

'당연하지. 이제 5개월 남짓 공부했을 뿐인데……. 그래도 그렇지. 이렇게 못 알아들을 수가.'

가게를 나오자 지우는 재미있다며 깔깔거리고 웃었다. 그러나 홍 대리는 그녀만큼 재미있지가 않았다.

"그런데 아직 선물은 안 샀네. 뭐가 좋을까?"

지우가 그렇게 말하는데 누군가 홍 대리의 어깨를 툭툭 건드렸다. 깜짝 놀라 쳐다보니 중년의 여자 둘이 서 있었는데 아무래도 일본인 같은 분위기를 풍겼다.

"すみません、ミョンドン聖堂にはどうやっていけばいいですか。"(실례합니다. 명동 성당을 가려면 어떻게 해야 하나요?)

"아……."

홍 대리가 망설이는 동안 지우가 유창한 일본어로 설명해 주었다.

그녀들은 몇 번이나 고맙다고 말을 한 뒤 지우가 가르쳐준 쪽으로 걸어갔다.

"명동 성당 가는 길 물었지? 그건 알겠는데, 말이 안 나와."

홍 대리가 풀 죽은 목소리로 말하자 지우는 그녀의 어깨를 가볍게 토닥였다.

"나중에 잘하게 될 거잖아. 그건 그렇고 생각지도 못한 일본어 공부를 하고 있네. 아, 저쪽에 가보자. 저 쇼핑몰엔 물건이 다양하게 있으니까 돌아다니다 보면 마땅한 선물이 눈에 띌 거야."

지우는 그녀의 손을 잡고 그곳에서 가장 큰 건물로 걸음을 옮겼다.

결국 홍 대리가 결혼 선물로 선택한 것은 부부 찻잔 세트와 커플티였다. 하나만 달랑 주기에는 몹시 단출해 보여 두 개를 구입한 것인데 그걸 고르는 데에만 두어 시간이나 걸렸다.

집에 도착했을 때에는 밤 10시가 훨씬 넘어 있었다. 그녀는 대충 샤워를 한 뒤 책상 앞에 앉았다. 돌아다니느라 피곤했지만 하루에 단 한 문장이라도 공부를 해야 한다는 이 주아의 말을 지키고 싶었던 것이다. 그런데 처음 시작했을 때처럼 눈에 잘 들어오지 않았다. 명동에서 있었던 일들만 자꾸 생각났다.

'해봤자 뭐해? 말도 못하는데.'

얼마나 더 오래 공부를 해야 대화를 할 수 있을까 생각하니 아득하기만 했다. 결국 그녀는 침대에 드러누워 버렸다.

"점심은 내가 쏠게."

선물을 받은 유성은 화통하게 말했다.

"뭘, 이 정도 가지고."

홍 대리는 민망한 듯 웃고는 책상 쪽으로 몸을 돌렸다. 감정의 기복이 어찌나 심한지 어제까지만 해도 일본어에 대한 자신감이 하늘을 찌를 듯했지만 지금은 해봤자 안 될 거라는 절망감에 우울했다. 컴퓨터 화면에 띄운 원고를 읽고 있으면서도 결국 외국어를 하는 자신의 모습은 미래에 볼 수 없을 거라는 생각을 하니 한숨이 절로 나왔다.

"선배."

결국 그녀는 일에 집중하지 못하고 유성에게 말을 걸었다.

"응?"

원고에 눈을 박고 있던 유성이 말했다.

"일본어 공부할 때 싫증난 적은 없어요?"

"없어."

유성이 딱 잘라 말하는 바람에 홍 대리는 깜짝 놀랐다. 말은 하지 않고 있어도 대부분의 사람들이 그러지 않을까 은근히 기대하고 있었던 것이다.

"어떻게 없을 수가 있어요?"

홍 대리가 물었다.

"그냥 하고 싶어서 한다, 가 아니었고 목표가 있었으니까."

"아. 그분이랑 대화하는?"

"소통이 안 되면 서로 오해하게 되는 부분이 많아. 내 마음은 그렇지 않은데 말이 자꾸만 헛나가니까. 그래서 처음엔 서로 마찰이 많았지."

"그렇구나."

홍 대리는 고개를 끄덕이며 그의 말을 들었다. 생각해 보니 아무런 목표 없이 공부를 하는 것보다는 나을 것 같긴 했다. 다시 자기 자리로 몸을 돌린 홍 대리는 자신은 무엇을 목표로 공부하는지 생각해 봤다.

'세련 때문인 건 확실해. 인정하긴 싫지만 말이야. 그리고 일본문학 파트로 옮겼으니 좀 더 유능하게 일하고 싶은 욕심도 있어. 하지만 하면 좋은 거지만 안 한다고 크게 문제될 것도 없잖아. 지우만해도 뚜렷한 목표가 있었어. 도대체 난 뭘까?'

곰곰이 따져봐도 알 수가 없었다.

'목표라……'

그녀는 등받이에 기대 잠시 눈을 감았다.

홍 대리를 본 우직이 카페 안쪽에서 팔을 번쩍 들었다. 동작이 어찌나 빠른지 그녀는 풋 하고 웃었다. 그녀가 오기를 기다리며 문만 바라봤을 것 같다는 생각이 들었던 것이다.

"제가 좀 늦었죠?"

"아, 아닙니다. 제가 좀 일찍 왔습니다."

지우의 작업실에서 만났던 것과 달리 우직은 극존칭을 사용하며 그의 앞에 놓인 물을 들이켜 마셨다.

"아까 전화 주셨을 때 일을 다 못 끝내고 있었거든요. 그나저나 무슨 일로……"

"아니, 그냥 여기 스파게티가 맛있어서요. 지우에게 들었거든요. 미래 씨가 스파게티 좋아한다고……"

"아, 네. 전 또 다른 일이 있나 했어요."

홍 대리는 의뭉스럽게 말하고는 싱긋 웃었다.

사실 퇴근 전에 그가 전화했을 때부터 그의 의도는 짐작하고 있었다. 처음 밖에서 만났을 때에는 지우도 알고 있었기 때문에 별 상관이 없었다. 그러나 이번 만남에 대해선 지우에게 알려주지 않아서인지 괜히 나쁜 짓을 하는 것 같았다. 그런데도 그녀는 우직과의 만남을 묘하게 즐기고 있었는데, 유난히 수줍음이 많은 그와 있으면 어쩐지 현실에서 벗어난 공간에 있는 느낌까지 들어서였다.

"일본어 공부는 잘돼 가고 계십니까?"

어색한 침묵이 돌자 그가 먼저 말을 꺼냈다.

"네. 그럭저럭. 아참. 그런데 우직 씨는 일본어 공부를 어쩌다 하시게 된 거예요?"

"애니메이션은 아무래도 일본 쪽이 많이 발전돼 있어서요."

"아, 맞다. 지우에게 들었는데도 이래요. 그럼 일본에서 활동할 생각까지 있는 거예요?"

"아, 그건 아닙니다. 더빙된 걸 보는 것보다 원본을 보길 원해서 공부를 시작한 겁니다. 그리고 우리나라에 들어오지 않은 작품들을 찾아볼 수도 있고요. 아무래도 좋은 작품을 많이 보는 것이 제 작업에 도움이 되기도 하고요."

"그렇구나."

"저, 사실은……."

우직이 가방에서 뭔가를 주섬주섬 꺼내더니 테이블 위에 올렸다.

"제가 요즘 캐릭터를 그리는 연습에 집중해서 그러는데……."

홍 대리는 그가 말하는 동안 그가 내민 서류봉투에서 종이를 꺼냈다.

"마음에 드실지 모르겠습니다."

"어머."

홍 대리는 깜짝 놀라서 그를 쳐다봤다.

"언제 이런 걸."

그리고 다시 종이를 봤다. 종이 위에는 그녀가 만화 캐릭터로 그려져 있었다.

그녀는 누군가 자신을 그림으로 그려주는 게 이렇게 기쁜 일인지 몰랐다. 그냥 보는 것만으로도 가슴이 뭉클해지면서 왠지 두근거렸다.

"고마워요. 정말."

그녀는 환하게 웃었다.

독해 공부를 하며 そうだ를 활용해 말하기 연습을 한 지 2개월이 지났다. 그동안 유성의 결혼식이 있었고, 우직과 자주 만남을 가졌

고, 매일 빠지지 않고 일본어 공부를 했다. 그런데도 뭔지 모를 조급증을 늘 가지고 있었는데, 공부를 하는 만큼 도무지 일본어 실력이 향상되지 않아서였다.

'목표가 없어서 그래.'

홍 대리는 그렇게 자가 진단을 해버렸다. 그렇다고 뭘 하고 싶다는 생각을 해본 적은 없었다. 일본에 가서 살 것도 아니고, 가끔 일본을 간다 해도 일정이 빠듯해 현지인과 대화를 나눌 기회도 별로 없을 것이다. 일본 작가의 원서를 검토하는 것으로 목표를 삼으려 해도, 좀 막연한 느낌이 들었다.

'없어도 상관없잖아. 재미있게 하면 되지.'

그렇게도 생각해 봤지만 그것만으로는 역시 뭔가가 부족했다.

고민이 깊어질수록 홍 대리는 공부할 거리만 툭 던져준 다음엔 연락을 하지 않는 이 주아가 못내 섭섭했다. '잘 되어 가고 있는지, 뭐가 어려운지 정도는 물어봐줄 수도 있지 않나'라고 투덜거리다가 문득 자신이 생각해도 어이가 없어 피식 웃었다. 물에 빠진 사람 구해줬더니 보따리 내놓으라는 심보랑 다를 게 뭔가 싶었다.

"목마른 사람이 우물을 판다고……."

홍 대리는 핸드폰을 만지작거리다 이 주아에게 문자를 보냈다.

📱 선생님. 그동안 잘 지내셨죠? 전 요즘 회의에 빠져 진도가 잘 안 나

가네요. 이럴 땐 어떻게 극복해야 하는지 선생님의 고언이 듣고 싶습니다.

시계를 보니 밤 10시 40분을 막 지나고 있었다. 이 주아가 수업을 하는 중은 아니었다. 바로 답장이 없자 홍 대리는 핸드폰을 아무데나 던져놓고 침대에 누워 버렸다. 그러고도 몇십 분이나 지나 얼핏 잠이 들려는 참이었다. 문자 알림 소리가 들렸다. 그녀는 벌떡 일어나 핸드폰을 찾아 들었다.

📱 말이 길어질 것 같아 이메일로 보냈습니다.

홍 대리는 노트북의 전원을 켰다. 이메일 함으로 들어가니 받는 메일함에 편지가 들어와 있었다.

✉ 홍 대리님이 어떤 마음일지는 대충 짐작이 갑니다. 학생들을 가르치다 보면 중간에 회의가 들어 공부를 포기하는 경우를 많이 보게 됩니다. 생각한 것만큼 실력이 늘지 않아 조급증을 느끼기 때문이죠. 일종의 고비인 셈입니다. 고비를 넘기는 방법이 따로 있지는 않습니다. 모든 공부가 그렇듯 스스로의 의지로 이겨내는 수밖에 없습니다.

그럼에도 이런 상황에서 벗어날 수 있는 방법을 말한다면, 자신에게 좀 더 정확한 목표를 주는 것입니다. 무언가를 원할 때 끝까지 포기하지 않는 끈기를 가질 수 있는 것이니까요.

홍 대리님이 그것을 찾을 수 있었으면 좋겠습니다. 목표는 큰 것일 수도 있고, 작은 것일 수도 있습니다. 비록 작은 것이라도 목표를 잡는다면 그것을 위해 알찬 시간을 보낼 수 있을 겁니다.

속도가 느리더라도, 가끔씩 잘 되지 않더라도 포기하지 않는 것이 중요합니다. 포기하지 않는 사람은 꿈을 이룰 수 있기 때문입니다.

그러니 힘내세요. 홍 대리님.

홍 대리는 깜짝 놀랐다. 근래 한 달간 계속 고민하고 있었던 '목표'에 대한 이야기를 이 주아도 하고 있었기 때문이었다.

"와. 어떻게 알고?"

✉ 선생님. 긴 말씀을 해주셔서 고맙습니다.

덕분에 힘이 생기는 것 같습니다.

사실 전 목표가 분명하지 않아 그에 대한 고민도 하고 있었습니다. 그런데 선생님께서는 마치 제 고민을 들은 것처럼 말씀을 해주시는군요.

포기하지 않겠습니다. 그러니 계속 지켜봐주세요.

홍 대리는 바로 답 메일을 보낸 다음 다시 독해 책을 펼쳤다. 지금은 아니어도 공부를 하다 보면 분명 자신에게 어울리는 목표를 찾을 수 있을 거라는 생각이 들었다. 그리고 그것을 찾기 위해 홍 대리는 그녀가 무엇을 원하는지 스스로에게 끊임없이 질문을 할 것이었다.

'준비된 자에게 기회도 오는 것이다.'

홍 대리는 오늘 문득 이 말이 떠올랐다.

출근을 한 지 한 시간쯤 지났을 때였다. 편집장실에서 기획회의를 하고 나온 유성이 놀라운 소식을 전해주었다.

7개월 뒤 일본의 소설가인 쿠와바라 요시유키가 '출판기념회' 겸 '독자와의 만남'을 목적으로 한국에 온다는 것이었다. 쿠와바라의 새로운 작품에 대한 한국어 판권을 회사가 확보한 것까지는 알고 있었다. 그래도 그 쿠와바라가 출판사의 초청으로 온다는 것은 전혀 상상도 못했다.

"예전부터 좋아한 작가지? 통역을 따로 쓰는 것보다 출판사 직원이 하는 게 좋지 않을까?"

유성은 홍 대리에게 은근히 권했다. 한번 시도해 보라고.

"선배가 하면 되잖아요. 일본어는 선배가 잘하니까."

내심 욕심이 났지만 유성이 유창하게 일본어를 구사하니 그게 더 현실적이라는 생각에 한 말이었다.

"일본어만 보자면 그렇지. 그런데, 난 그 사람 작품 단 한 편밖에 못 읽어봤고, 잘 알지도 못해. 하지만 넌, 초기작부터 빠짐없이 읽었잖아. 좋아하기도 하고. 일본어만 할 수 있으면 딱이야. 네가."

"에이. 그래도……."

그렇게 말하면서도 홍 대리의 가슴이 벌써부터 뛰기 시작했다. 상상하는 것만으로도 멋진 일이었다. 그 쿠와바라와 가까이에서 말을 나눌 수 있다니. 그녀는 정말 그렇게 할 수만 있으면 당분간 밥을 먹지 않고도 살 수 있을 것 같았다.

"시도해 봐. 이럴 때 실력도 늘리는 거지."

유성이 다시 한 번 바람을 넣었다.

"그럼, 해볼까요?"

"그래. 용기를 가지고 해볼 만하다니까. 아, 그리고 편집장님에게도 운을 띄워. 네가 그때 통역하겠다고. 통역 구하기 전에 말이야."

"하지만 괜히 말했다가 실력도 안 되면……."

"그러니까 소문부터 내라는 거지. 쪽 팔려서라도 열심히 할 거 아니야."

홍 대리는 유성의 말이 일리가 있다고 생각했다. 소리 소문 없이 열심히 하는 미덕도 있는 거라지만 소문을 내고 거기에 맞도록 맞추는 것도 나쁘진 않을 것 같았다. 아니, 오히려 게으름을 피울 때마다 채찍질하는 효과가 있을 것이다.

쇠뿔도 단 김에 뺀다고, 그녀는 분연히 일어섰다. 옆에서 신나게 부추겨놓고서 유성은 그녀의 표정을 보고는 킥킥거리며 웃었다.

"선배. 힘을 줘요, 힘."

그녀는 유성에게 주먹을 불끈 쥐어 보였다. 그러자 유성도 주먹을 쥔 손을 들고는 파이팅이라고 해주었다.

편집장실 문을 노크하자 안에서 들어오라는 소리가 들렸다. 홍 대리는 크게 심호흡을 한 번 한 다음, 안으로 들어섰다.

"제가 일본어 공부를 하고 있습니다."

홍 대리는 앞뒷말을 다 잘라, 편집장이 듣기에는 뜬금없다고 생각할 수밖에 없는 말을 급하게 내뱉었다. 그리고는 곧 후회했다. 결정적인 순간엔 꼭 이런 식이었다. 평소에는 결단력이 부족해 우유부단한 주제에 뭔가 해야겠다 싶으면 다른 사람들이 당혹스러울 정도로 자기 할 말만 하는 것이다.

"그런데요?"

편집장은 그녀의 행동이 흥미로웠는지 입가에 미소까지 띠며 물었다.

"7개월 후면 유창하게 일본어를 할 수 있습니다."

홍 대리는 말을 하면서도 자신의 머리를 쿡쿡 때리고 싶은 심정이었다.

'아니, 유창하게라니. 그것도 7개월 후에.'

머릿속에선 '내가 진짜 못 살아' 하는 말을 하면서도 입으로는 또 다른 말이 나왔다.

"쿠와바라 요시유키의 통역을 제게 맡겨주세요."

자신감 있게 시작한 것과 달리 결국 말끝을 좀 흐렸다.

"7개월 후라면 아직은 아니라는 뜻이죠?"

"네."

"7개월이나 남았으니 아직 통역은 구할 생각을 못 하고 있었는데 왜 지금 말하는 거예요?"

"아, 그러니까, 제가 할 수 있으니까 통역을 구할 생각을 아예 하시지 말라 부탁을 드리는 거죠."

"알았어요. 열심히 해봐요. 통역을 구하는 건 작가가 오기 열흘 전부터 알아볼 거니까. 그때까지 홍 대리가 유창하게 할 수 있으면 우리 출판사 쪽에서도 이득이죠."

편집장은 시원하게 말했다. 그런데 어딘지 모르게 웃음을 참는 느낌이 들어 홍 대리는 눈살을 조금 찌푸렸다.

'비웃지 마세요. 전 진지하게 말하는 건데.'

차마 입 밖에 내지는 못하고 그런 생각을 하면서 홍 대리는 편집장실을 빠져나왔다.

"결국 말했구나."

유성은 말하는 중간에 계속 킥킥거렸다.

"아니, 다들 왜 이래? 내가 웃겨? 웃겨?"

홍 대리가 눈을 부릅뜨며 말하자 유성이 몇 번 헛기침을 하더니 대답했다.

"웃겨."

"뭐? 선배가 그렇게 해보라며."

"그러니까, 내가 그렇게 하라고 했는데, 웃기네."

유성은 그렇게 말하며 자기 책상 쪽으로 몸을 돌렸다.

"어휴. 얄미워 죽겠네."

홍 대리는 유성을 한 번 흘낏 본 다음 고개를 돌려 버렸다.

'흥. 두고 보라지. 보란 듯이 해낼 테다.'

4단계, 하루는 드라마, 하루는 뉴스로 공부하기

"お母さん、行ってきます。"(엄마. 다녀올게요.)

"行ってらっしゃい。"(잘 다녀와. 딸.)

홍 대리가 집을 나온 시간은 아침 7시였다. 어렵지 않게 아침잠을 떨쳐낼 수가 있었는데, 그것은 그녀의 몸이 긴장 상태를 유지하고 있었기 때문이었다. 그렇다고 스트레스를 받은 건 아니었다. 기대감과 흥분이 들어 있는 긴장 상태라 에너지가 넘쳤다.

전철 안은 생각보다 여유 공간이 많지 않았다. 홍 대리와 같은 생각을 하는 사람들이 많은지 북새통까지는 아니어도 꽤 많은 승객이 있었다. 그나마 다행인 건 이리저리 치이지 않고 일본어 공부를 할 수 있다는 거였다.

그녀는 열심히 노력했을 때 이룰 수 있는 성과를 머릿속에다 그렸다. 그 생각만 하면 가슴이 두근거렸다. 그리고 1분 1초가 아까웠다. 여느 때보다도 더 집중을 하며 일본어 공부를 하는 동안 어느새 전철은 홍대입구 역까지 와 있었다.

"좋은 아침입니다."

사무실로 들어서며 홍 대리는 큰 소리로 인사했다. 그러나 이른 출근인지라 인사를 받는 사람은 몇몇 있지도 않았다. 그녀는 책상 앞에 앉아 컴퓨터부터 켰다. 일정표에다 오늘 하루 할 일을 정리했다. 그리고는 다른 사람들이 오기 전에 두어 개의 문장을 중얼거리며 외웠다.

"어. 일찍 왔네."

옆자리에 앉으며 웬일이냐는 표정으로 유성이 말을 걸었다.

"좀 편히 오고 싶어서요. 출근시간 전철이 워낙 복잡해야 말이죠."

"하하. 그건 그래. 그런데 뭘 그렇게 보고 있었어?"

유성은 그녀가 보고 있는 것을 흘끗 보더니 알겠다는 듯 고개를 끄덕였다.

"일찍 온 진짜 이유가 따로 있었네."

둘이 수다를 떠는 사이에 다른 직원들도 시간차를 두고 출근을 했다.

홍 대리는 활기차게 먼저 인사를 건넸다. 몇몇 사람들은 "웬일로 그렇게 인사를 한대."라고 기분 나쁘지는 않은 듯, 한 마디씩 던졌다.

"기분 좋게 하루를 시작하는 의미에서."

그녀는 그렇게 말하고 싱긋 웃었다.

지우는 오늘 꼭 작업실에 들르라는 문자를 남겼다. 원래 들를 생
각이었던 홍 대리는 알겠다고 답변을 준 다음 무슨 일인지 바로 전
화를 했지만 그녀는 통화중이었다.

'뭐, 가보면 알겠지.'

그녀는 핸드폰을 책상 위에 놓은 다음 작업 중이던 원고로 눈을
돌렸다. 오늘 안에 교정을 끝내 일을 마무리할 생각이었다. 사무실
에 있는 동안 열심히 일을 해두어야 집에 가서도 마음에 남는 게
없어 공부에 열중하기가 좋았다. 예전보다 일을 좀 더 빨리 처리하
는 것은 일본어 공부를 시작하고 나서 가지게 된 작은 변화이기도
했다.

"나 왔어."

지우의 작업실 문을 왈칵 열며 홍 대리가 인사를 했다. 그러자 안
에 있던 사람들이 돌아봤다. 지우뿐만 아니라 유식과 우직도 있었
다. 그들은 지금 막 어디론가 가려는 사람들처럼 웃옷을 차려입고

가방을 챙겨들고 있는 중이었다.

"딱 맞춰 왔네."

지우가 웃으며 말했다.

"딱 맞춰 왔다니?"

"있어, 그런 게. 나가자."

홍 대리는 어안이 벙벙했지만 일단 그들을 따라나섰다. 그들은 1층 계단으로 빠지지 않고 주차장이 있는 지하로 갔다.

"차가 있었어?"

"아. 우직이 중고차 하나 장만했어. 오늘이 첫 시승식이다."

지우가 말해줬다.

"어머. 우직 씨. 축하해요."

"뭘요. 그냥 싼 거예요."

"그래도요."

"우직이가 차를 구입한 이유가 뭘까~요?"

지우가 장난스럽게 웃으며 말했다.

"야아."

지우의 입을 가리는 우직의 얼굴이 빨갛게 달아올랐다.

"어휴. 이 나이가 되도록 소년이라니까, 소년. 나중에 네가 직접 말해."

지우는 그의 손을 치우며 웃었다.

우직의 차를 타고 그들이 간 곳은 신촌에 있는 한식 레스토랑이
었다. 미리 예약해 두었는지 유식이 자기 이름을 말하자 종업원은
그들을 끝 쪽에 있는 방으로 안내했다.

"어머. 누구 생일이었어?"

방안을 본 홍 대리는 깜짝 놀라 지우에게 물었다. 음식이 차려 있
는 상의 중앙에는 케이크가 있었던 것이다.

"응. 이 소년."

지우가 우직을 가리키며 말했다.

"생일 축하드려요. 그런데, 어떡해. 선물도 없는데."

홍 대리는 당황했다.

"아뇨. 참석하신 것만으로도 영광인걸요. 선물에 신경쓰실까 봐
지우에게 말하지 말라고 했어요."

"그래도, 미안하네요. 나중에 좋은 걸로 선물할게요."

우직은 계속 그러지 말라고 했지만 홍 대리는 미안한 마음을 감
출 수가 없었다.

간략하게 생일축하 파티를 하고 한식 코스 요리를 먹은 다음 그
들은 가게를 빠져나왔다. 음식을 먹는 내내 지우는 우직이 홍 대리
를 위해 준비한 것이 있으니 기대하라고 언질을 주었다. 그게 뭘까,
궁금했지만 그 자리에 있는 사람들은 가서 보라며 대답을 해주지
않았다.

그녀는 궁금했지만 더 물어보지 않기로 했다. 그들이 가려고 하는 곳은 걸어서 10분 거리에 있는데다 가보면 안다고 하니 곧 알게 될 일이었다.

"요즘 일본어 공부 열심히 한다면서요?"

지우와 유식이 두어 발짝 앞서 가는 틈을 타 우직이 그녀에게 말을 걸었다.

"네. 목표가 생겼거든요."

"그래요? 어떤 건지 물어봐도 돼요?"

"제가 좋아하는 작가가 방한했을 때 통역을 하는 거요. 일단 그게 첫 목표예요."

"두 번째도 있어요?"

"아직요. 하지만 일단은 첫 번째 목표를 완수한 다음에 생각해 보려고요. 공부를 하다 보면 할 일도 생기고, 하고 싶은 것도 생기겠죠."

"우리 스터디에도 들어오실 거죠?"

"조금 더 하고요. 지금은 아무래도 우직 씨 수준을 따라가기 힘들어요."

"별 말씀을. 함께 업그레이드시키려고 공부하는 건데요. 뭐."

"그래도요."

둘이 대화를 나누는 동안 어느새 그들은 카페가 있는 건물 앞까지 왔다.

カケハシ(가케하시)

"가케하시?"

홍 대리는 카페의 간판이 일본어로 쓰인 걸 보고 깜짝 놀랐다.

"여기 일본인이랑 한국인 교류 카페야."

지우가 옆에서 설명해 주었다. 그리고 우직을 흘낏 보더니 덧붙였다.

"우직이 너 공부하는 데 도움을 주고 싶다고 밤새 인터넷 뒤져 찾은 곳이다."

홍 대리는 깜짝 놀라서 우직을 봤다. 우직은 머쓱해하며 안으로 들어가 보자고 했다.

그들이 안으로 들어서니 여기저기서 일본어로 말하는 소리가 들렸다. 어떤 테이블에서는 보드게임을 하고 있었고, 어떤 테이블에서는 차를 마시며 자유롭게 대화를 하고 있었다.

그들은 창가에 난 자리에 가 앉았다.

こんばんは。(안녕하세요.)

종업원은 일본어로 인사를 하며 메뉴판을 건넸다. 메뉴판에는 한국어 옆에 일본어도 쓰여 있었다.

"이런 곳도 있었구나."

홍 대리는 홀 안을 두리번거리며 말했다.

"그런데 난 아직 일본어를 잘 하지 못하는데, 이런 곳에 있어도 괜찮나?"

뒤늦게 그런 걱정이 들어 홍 대리가 중얼거리듯 말하자 우직이 과장되게 손을 흔들며 말했다.

"괜찮고말고요. 여긴 한국어와 일본어를 다 사용해요. 일본어를 잘하는 사람부터 아예 못하는 사람들도 온다더라고요. 일본어를 못해도 분위기를 즐기려고 오는 사람들도 많아요. 그리고 한국어를 전혀 못하는 일본인들이 오기도 하고요. 주로 금요일이나 토요일에 일본인이 많다고 하던데……."

우직은 주변 테이블을 흘낏 보더니 작은 음성으로 말했다.

"오늘도 꽤 많은 것 같네요."

홍 대리와 우직의 대화를 들으며 지우와 유식이 서로 의미심장한 눈짓을 보내며 웃었다. 그것을 본 홍 대리가 살짝 나무라는 눈치를 보이자 그들은 헛기침을 하며 메뉴판을 봤다.

"요일마다 특이한 모임도 있어요. 이를테면, 금요일엔 일본 수화로, 토요일엔 각종 게임을 통해 일본어를 배우기도 한다더군요. 저도 오늘이 처음이라 잘은 모르겠지만 인터넷 카페에서 그런 말들이 있었어요."

"그렇구나. 여긴 작은 일본 같아요. 자주 오면 일본인과 스스럼없이 대화할 수 있는 기회도 생기겠는걸요."

홍 대리는 정말 마냥 신기하기만 했다.

"당연히 자주 와야지. 우직이 나름대로의 선물인걸."

지우가 말했다.

"어머. 맞다. 우직 씨 고마워요. 이런 곳을 다 찾아주시고. 그런데, 오늘은 우직 씨 생일인데 제가 선물을 받아서 어떡해요?"

홍 대리가 그렇게 말하자 우직은 또 다시 손을 휘저으며 그런 말 하지 말라고 했다. 그리고 홍 대리를 흘끔 보며 말했다.

"저도 여기 자주 애용하려고 찾은 겁니다."

이 주아에게 세 번째 과제를 받은 지도 3개월이 거의 끝나가고 있었다. そうだ를 활용하며 말을 하는 동안 홍 대리의 어휘력은 몰라보게 늘었을 뿐만 아니라 표현할 수 있는 말들도 많아졌다. 그렇게 자신의 실력이 향상되는 것을 느낄수록 홍 대리는 더 많은 시간을 들여서라도 공부하고 싶은 욕구를 가지게 되었다.

'네 번째 과제도 있겠지?'

이 주아는 그녀다운 무심함으로 그동안에도 별다른 연락을 해주지 않았다. 대신 홍 대리의 문자에 꼬박꼬박 답장을 보내긴 했다. 가끔 정말 모르겠다 싶은 부분은 이 주아에게 물어보기도 했지만, 웬만하면 스스로 해결하려고 노력했기 때문에 홍 대리도 그렇게 문자를 많이 보내지는 않았다. 그러나 이번엔 문자로는 안 될 것 같아 이메일을 보내기로 했다.

✉ 선생님. 잘 계시죠? 덕분에 저도 매일이 즐겁답니다.
공부를 하고 있으니 시간 가는 줄을 모르겠습니다.
그런데 이대로 계속 해야 하는 건지 알 수가 없어서요. 혹시 다음 단계가 있다면
말씀해 주시면 고맙겠습니다.

그녀는 편지 보내기를 클릭했다. 그때였다. 거실에서 엄마의 음성이 들렸다.

"メロン食べて。"(나와서 멜론 먹어.)

홍 대리는 킥킥 웃었다. 매일 한 문장씩 엄마에게 말해주는 걸 그녀가 다 기억하는 것은 아니었다. 그러나 오가는 인사말이나 뭔가를 먹으라고 권하는 말은 몇 번의 반복을 통해 기억하고 있었다. 그래서 기회가 되면 그 말을 써먹고는 하는데 그녀는 다른 가족들이 놀라는 반응을 즐기는 것 같았다.

"わかった。"(알았어요.)

그녀는 그렇게 대답하고 거실로 나갔다. 엄마는 다른 식구들의 방문 앞에서도 일본어로 말하고 있었다.

엄마의 일본어에 가장 좋은 반응을 보이는 것은 막내인 미란이었다. 미란은 가끔 간단한 일본어로 대답도 해주었다. 그녀 역시 일본어를 배우는 것은 아니었지만 엄마와 홍 대리의 대화를 어깨 너머로 들은 것으로 말을 했다.

홍 대리는 멜론을 먹으면서 일본어 카페에 대한 이야기를 들려주었다. 물론 우직의 이야기는 뺐다.

"그런 곳이 있었구나. 나도 요번 방학엔 한번 가볼까? 분위기 한번 보고 공부하고 싶은 마음이 들면 시작해 보게."

미란이 말했다.

"학원도 좋지만 나처럼 독학으로 해봐. 단계별로 가르쳐줄게."

"피. 언니 시작한 지도 얼마 안 되잖아."

"그래도 벌써 반년이 지났다. 네가 배울 때쯤이면 잘 가르쳐줄 수 있을 거야. 그리고 누군가를 가르치면서 배우면 머릿속에 더 잘 들어오기도 한대."

"그건 그래. 알았어. 일본어에 관심을 가지게 되면 언니한테 말할게."

이후에도 이런저런 대화를 나눈 뒤 홍 대리는 자기 방으로 들어갔다. 조금 전에 이 주아에게 메일을 보낸 게 생각이 나 인터넷에 들어가 봤지만 수신확인도 안 되어 있는 상태였다.

"뭐, 내일이면 오겠지."

그녀는 긍정적으로 생각하기로 했다. 마음을 졸여봤자 득 될 건 없었다.

홍 대리는 오랜만에 유성과 옥상에서 커피 한 잔의 여유를 즐겼다. 유성은 결혼 이후로 무슨 일이 그리 바쁜지 점심시간에도 밥을 거르기 일쑤였다. 그리고 통화는 또 얼마나 자주 하는지, 말을 시키려고 돌아볼라치면 누군가와 전화 중이었다.

결국은 홍 대리가 오늘 점심 같이 먹지 않겠냐고 문자를 보냈다. 바로 옆자리에 앉아 있어도 문자를 보내는 게 더 빠를 것 같아서였다. 답장은 바로 왔다.

📱 점심은 다음에 하자. 그 시간에 들를 곳이 있다.

아니나 다를까 점심시간이 되자 그는 총알같이 나가버렸다. 오후에도 무언가 번잡하게 일을 하는가 싶더니 4시쯤에야 홍 대리에게 문자를 보냈다.

홍 대리는 오늘 일정대로 해야 할 일이 있었지만 그러자고 답 문자를 보냈다. 아무래도 유성의 신변에 어떤 변화가 있는 것 같은데 그것이 뭔지 궁금해서 참을 수 없었던 것이다.

"사실은, 오늘 사표 냈어."

처음 몇 분 동안 일상적인 대화를 나눈 끝에 나온 말이었다. 홍 대리는 소스라치게 놀라 잡고 있는 컵을 떨어뜨릴 뻔했다.

사실, 이 출판사에 오게 된 것도 유성 때문이었다. 먼저 취업한 유성이 대학졸업반이었던 홍 대리에게 출판사에서 직원을 모집한다는 소식을 전해줬었다. 이력서를 넣어보라고 권한 것도, 면접에서 유리하게 말하는 법을 가르쳐준 것도 그였다. 그리고 그가 있었기 때문에 직장생활이 그다지 낯설지가 않았다. 전공뿐만이 아니라 동아리까지 같아 유난히 친한 선후배 관계로 지낸 지도 벌써 10여 년이었다. 그런데 어떤 언질도 없이 사표를 냈다는 말을 들으니 섭섭하기까지 했다.

홍 대리는 잠시 아무 말도 하지 않았다. 유성은 흘낏 그녀를 보더니 말했다.

"빨리 말하지 못해 미안하다."

역시 유성이었다. 눈치 빠르게 홍 대리의 마음을 짐작하고 있었다.

"뭐, 섭섭하지만 어쩔 수 없죠? 그런데 사표는 왜 냈어요? 우리 나이에 다른 직장 구하는 게 쉽나? 게다가 한 가정의 가장까지 되었잖아요."

이제 그녀는 유성이 걱정이었다. 요즘처럼 일 구하기 쉽지 않은 때에 사표부터 덜컥 내버리다니. 어쩌려고 저러나 싶었다.

"이 일도 전공과 적성에 다 맞긴 한데. 아이코와 함께 할 수 있는 일을 하기로 했어."

"어떤 일요?"

"카페."

"카페요?"

"그래."

카페를 운영하는 유성이 머릿속에 그려졌다. 그의 성향을 봐서는 그게 훨씬 어울릴 것도 같았다.

"하지만 요즘 경기도 나쁜데 괜찮겠어요?"

"그래서 특화시키려고."

"어떻게요?"

"이를테면, 이 카페를 오는 사람은 일본 여행에 관한 정보를 알수 있다거나, 일본어만 사용해서 일본어를 배우려는 사람들에게 도움이 된다거나."

"그래요? 나 그런 곳 알고 있는데."

"그래? 혹시 '가케하시' 말하는 거 아냐? 신촌에 있는 거."

"알고 있었어요?"

"어제 인터넷 검색하다 알았어. 아직 가보진 않았고."

"저 어디 있는지 알아요. 같이 가볼래요?"

"그래? 그럼 고맙고."

저녁을 함께 먹은 뒤 가케하시에 함께 가기로 약속을 하고 홍 대리와 유성은 사무실로 내려왔다.

홍 대리는 어제 이 주아에게 메일을 보낸 게 생각이 나 이메일함을 열어보았다. 답장이 와 있었다.

✉ 홍 대리님. 메일은 잘 읽어 보았습니다.

물론 다음 단계가 있습니다. 벌써 4단계로 넘어오셨군요. 그동안 수고 많으셨어요. 계속 힘내어 공부하기를 바랍니다.

4단계는 4개월 정도 예상하시면 됩니다.

지금 단계에서는 시중에 나온 교재를 활용하는 것보다는 드라마와 뉴스를 하루씩 매일 번갈아 공부하는 것이 좋습니다. 그 이유는 드라마와 뉴스에서 지금 일본 사람들이 사용하는 언어를 들을 수 있기 때문이죠.

그럼 드라마를 어떻게 봐야 좋은지 설명할게요.

먼저 드라마를 반복해서 보세요. 처음부터 끝까지 볼 필요는 없어요. 그날 공부할 분량만 보는 거죠. 이를테면, 매일 15문장 정도만 듣는 게 좋아요. 많은 분량을 공부하기보다는 자신이 할 수 있는 분량을 확실하게 소화해 내기 위해서예요.

분량을 정했으면 한 번 보고 끝내는 것이 아니라 흐름과 상황을 관찰하며 적어도

세 번은 보세요.

그런 다음 대본을 보세요. 대본에서 모르는 단어가 나오면 문장의 맥락을 파악해

추리를 해보는 거죠. 이건 그림책으로 공부할 때부터 연습이 된 거죠? 맞아요. 그동

안 해온 것처럼 맥락을 파악해 추리하는 거예요. 사전부터 찾는 건 피해야 해요. 추

리했는데도 불구하고 알 수 없는 단어가 나올 거예요. 그럴 때 사전을 찾는 거예요.

이 모든 과정을 거쳤으면 마지막으로 해석본을 봐야겠죠? 홍 대리님이 이제까지

추리한 내용이 맞는지 해석본을 읽고 맞춰보는 거죠.

뉴스도 드라마와 같은 방법으로 공부하시면 됩니다. 뉴스를 반복해 듣고 맥락을

통해 추리하는 거죠. 끝까지 모르는 단어가 나올 때 사전을 찾아 꼭 익히고 넘어

가는 것도 잊지 마시고요.

그럼 추리를 하기 위해 어떤 방법이 좋은지 정리해 볼게요.

단계별로 추리하는 방법 :

1. 전체적 흐름과 상황에 의해 추리합니다.

2. 추리한 부분의 뜻이 사전에 있는지 확인합니다.

3. 추리한 부분의 뜻이 사전에 없을 경우 대체할 수 있는 뜻이 있는지 사전에서 확

   인합니다.

4. 확인한 후에는 반드시 암기합니다. 추리 능력은 있지만 추리한 다음 암기하지 않

는다면 듣기와 독해능력은 뛰어나나, 말하기 능력은 향상되지 않기 때문입니다.

여기서 주의할 점이 있어요.

'암기하지 않고 추리하는 학습법'은 암기 과정을 생략하라는 뜻이 아닙니다. 종래의 학습법과 순서를 바꾸었을 뿐이라고 생각하시면 돼요. 종래의 무조건 암기하는 학습법은 도중에 모르는 단어가 나오면 당황하게 되고, 본인이 모르는 단어가 있으면 그 뜻을 절대 알 수 없다는 단점이 있어요. 또한, 모르는 단어가 나와 버리면 그 부분에서 정지해 문장을 끝까지 듣지 않을 수도 있죠. 그러나 '암기하지 않고 추리하는 학습법'은 훈련만 되면 모르는 단어가 나와도 추리할 수 있기 때문에 두려워하거나 당황하지 않게 돼요.

특이사항 :

1. 첫달에 공부할 드라마로는 '안도나츠'를 권합니다. 일상언어를 많이 사용하는데다 반복되는 문장이 많아 첫 드라마로 적당할 겁니다. 뉴스는 NHK를 보세요.
2. 욕심을 버려야 합니다. 즉, 한 문장이라도 제대로 마스터하도록 하는 것이 좋습니다.
3. 역시 そうだ를 활용해 입에서 술술 나올 정도로 반복하는 것이 중요합니다.
4. 오늘 분량을 채우지 못했다고 내일 또 그 부분으로 공부하는 것은 좋지 않습니다. 과감하게 버려야 합니다. 그래야 지루하지 않을 뿐만 아니라, 진도를 나가는 느낌이 듭니다.

저번과 마찬가지로 해석을 먼저 보기보다는 모르는 단어가 나오면 추리하는 연습을 하세요. 한일사전을 보기보다는 일일사전을 찾으시는 것도 잊지 마시고요.

홍 대리는 이메일 창을 그대로 열어둔 채 비밀 노트에 옮겨 적었다. 공부를 할 때 주의할 점을 정리해서 써보니 앞으로 어떻게 해야 할지 머릿속에 그려졌다.

- 4단계 : 하루는 드라마, 하루는 뉴스로 공부하기
- 일본어 나이 : 드라마와 뉴스를 볼 정도의 나이는 되어야겠지. 그 래, 16살.
- 소요 기간 : 4개월
- 학습 방법 :
  1. 하루 15문장씩만 듣고 뒷내용이 궁금해도 참는다.
  2. 그림책으로 공부했을 때처럼 화면 속에 나온 인물들이 무슨 대 화를 나누는지 먼저 추측한 후 뜻을 확인한다.
  3. そうだ를 붙여 입에 붙을 때까지 연습한다.
- 주의 사항 :
  1. 오늘 분량을 채우지 못했다고 다음날 그 부분을 다시 하지 않는다.
  2. 욕심을 내기보다 단 한 문장이라도 제대로 공부한다.

비밀 노트에 정리를 한 다음 홍 대리는 일본 드라마 정보가 있는 인터넷 카페를 찾았다. 일본 드라마와 관련된 카페는 생각보다 많았다. 홍 대리는 그 중에서 '일드일영'이라는 카페에 가입했다. 드라마나 영화뿐만이 아니라 일본어 학습이나 일본 관련 뉴스 같은 정보도 있었다.

드라마 '안도나츠'와 그 대본도 쉽게 찾을 수 있었다. 홍 대리는 곰 플레이를 돌려 드라마를 보기 시작했다. 그러나 끝까지 보지 않고 10여 분이 지나자 다시 처음으로 돌렸다. 그러기를 열 번가량 반복했더니 대충 어떤 상황에서 무슨 말을 하는지 알 수 있을 것 같았다. 드라마를 본 분량만큼의 대본은 A4 용지로 두 장가량 되었다. 그녀는 문장을 읽어보고 뜻을 해석하기 시작했다. 모르는 단어가 나올 때에는 이 주아가 말한 대로 추리부터 했다. 앞뒤 상황을 살펴보니 추리하는 게 그렇게 어렵지는 않았다.

시간은 생각보다 빨리 흘렀다. 집중해서 하느라 새벽 1시가 넘은 것도 모르고 있었다. 내일을 위해선 자야 했지만 그녀는 좀 더 대본을 보고 싶었다.

'아, 시간이 부족해. 역시 직장생활이랑 병행하려니 마음대로 공부할 수도 없네.'

그녀는 많이 아쉬워하며 욕실로 향했다. 아직 화장도 지우지 않았다는 것을 생각해 낸 것이다.

침대에 누운 홍 대리는 공부가 하고 싶어 잠자는 시간까지 아까
운 건 처음이라는 생각을 했다. 입시 공부를 할 때에도 마음가짐이
이렇지는 않았다.

'누가 시켜서 하는 게 아니라 그런가.'

그녀는 묘한 긴장감을 가지고 있는 게 좋았다. 해야 할 일이나 찾
아야 할 일이 많으니 게으름을 피우려야 피울 수가 없었다.

'이대로 계속 잘해야 할 텐데…….'

가케하시로 들어선 홍 대리는 당황한 나머지 유성의 팔을 잡아
끌고 다시 나가버릴 뻔했다.

그곳에는 우직이 있었다. 우직은 일본인 남자와 대화 중이었다.
문 열리는 소리에 돌아본 그와 딱 눈이 마주친 홍 대리는 어색하게
눈인사를 했다. 그러나 우직은 반갑게 활짝 웃으며 홍 대리가 있는
쪽으로 걸어왔다.

"우와. 우연이네요."

우직은 그렇게 말하며 슬쩍 유성을 봤다. 그리곤 곧 표정이 굳어
졌다.

"아. 이 분은 대학 선배이기도 하고, 직장 선배이기도 해요. 선배.

이 분은 제 친구의 친구예요."

홍 대리는 둘을 인사시키며 말을 더듬거렸다. 아주 짧은 순간이
지만 우직이 둘의 관계를 오해하지는 않을까 걱정되었던 것이다.

"아. 안녕하세요. 전 이 우직이라고 합니다."

인사를 건네면서도 우직은 유성을 의식하고 있었다.

"네. 안녕하세요. 홍 대리가 추천해 주기에 오긴 했는데, 여기 분
위기가 좋네요."

유성은 의미심장한 웃음을 지으며 카페 안을 둘러봤다.

"그럼, 일행분이랑 즐거운 시간 보내세요."

홍 대리는 가볍게 고개를 숙이고 인사를 했다. 그러자 우직이 당
황해하며 말했다.

"아닙니다. 여기서 만난 사람이에요. 괜찮으시다면 이렇게 만났
는데……."

"그럼 저희랑 합석하시죠?"

우직이 끝말을 잇지 못하자 유성이 눈치 빠르게 받아쳤다. 순간
우직의 얼굴이 환하게 펴졌다.

셋은 자리를 잡고 앉았다. 서로에 대해 더 자세히 소개를 하고,
각자 하는 일이 무엇인지까지 말하고 나니 더 이상 할 말이 없었다.
묘한 침묵이 흘렀다.

'어휴. 이게 뭐야?'

홍 대리는 내내 불편했다. 우직은 유성과의 관계를, 유성은 우직
과의 관계를 의심할까 신경이 쓰였던 것이다.

"카페를 하시려면 여러 가지로 준비할 게 많겠네요."

침묵을 깨뜨리며 우직이 말했다.

"그래서 여기도 와본 거죠."

"아이디어가 좋은 것 같아요. 요즘 한국을 방문하는 일본인도 많
고, 일본어를 배우는 한국인도 많으니까요."

"네. 그래서요. 게다가 제 아내도 일본인이라."

"아, 그렇습니까."

우직의 눈이 반짝 빛났다. 그리고는 뭐가 좋은지 실실 웃자 유성
이 덩달아 웃었다.

한참 대화 중에 유성에게 전화가 왔다. 유성이 양해를 구하고 밖
으로 나간 사이, 우직은 홍 대리에게 다음에 올 때는 카페에서 일본
어로만 대화를 해보자고 제의를 했다.

"저도 그러고 싶은데, 아직……."

"자신감을 가지는 것도 중요해요. 그리고 할 수 있는 말만 하면
되잖아요."

우직은 대화를 많이 해야 감도 그만큼 느는 것이라고 홍 대리를
설득했다. 그때 유성이 들어왔다.

"미안. 나 좀 가봐야 할 것 같은데."

유성은 자리에 앉지도 않고 가방부터 챙겨들었다.

"어, 왜?"

"강남에 몫이 좋은 자리가 있었는데, 그쪽에서 지금 보라고 하네."

"그, 그래요? 그럼 가야죠."

홍 대리가 말했다.

"그럼. 내일 보자. 우직 씨, 다음에 만나 술 한잔 합시다."

유성이 나가고 둘만 남게 되자 홍 대리는 좌불안석이었다. 결국은 우직과 데이트하는 꼴이 되어버려 어떻게 해야 할지 알 수가 없었다.

"여기 수요일 프로그램에는 프리토킹과 보드 게임이 있는데, 다음 주에 함께 오지 않을래요?"

우직이 먼저 말을 꺼냈다.

"아, 네."

둘은 대화를 나누다 밤 9시가 조금 넘은 시간에 카페를 나섰다.

"제 차로 모실게요."

"아니에요. 전철 타면 돼요."

"일산은 전철로 가면 돌아가잖아요. 여기서 차로 가면 30분도 안 걸려요."

"버스도 있고요."

"그러지 마시고 제 차 타세요."

결국 홍 대리는 그의 차를 탔다. 가는 내내 그는 차안이 불편하지는 않은지, 어떤 음악을 틀지 질문을 하며 홍 대리의 편리만 생각했다.

아파트 입구에 도착하자 홍 대리는 고맙다고 말한 뒤, 차에서 내렸다. 우직은 뭔가 할 말이 있는 것처럼 머리를 긁적이더니 그녀가 돌아서자 급하게 불렀다.

"저기, 미래 씨."

홍 대리가 돌아보자 그는 헛기침을 몇 번 뱉어냈다. 그녀는 그의 의중을 파악하고 지레 얼굴이 빨개졌다.

"우직 씨……."

홍 대리가 우물거리는 동안 우직은 무언가 결심한 듯 빠르고 명확하게 말해버렸다.

"저, 홍 미래 씨 좋아합니다. 저랑 사귀는 건 어떤가요?"

"今日遅かったね。"(오늘 늦었네.)

현관문을 열고 들어서자 엄마가 말했다.

"응."

"일본어로 대답 안 해? 이 말은 일본어로 어떻게 하니?"

"나중에 가르쳐줄게. 지금은 생각 안 나."

홍 대리는 엄마를 처다보지도 않고 방안으로 들어가 버렸다.

"쟤가. 회사에서 무슨 일 있었어?"

거실에서 엄마가 물어보는 소리가 들렸지만 홍 대리는 그대로 침대에 엎드렸다.

"바보 같아. 진짜."

그녀는 몇 번 침대 매트를 쳤다.

우직의 눈빛은 진지했다. 몇 발자국 떨어져 있었지만 그녀의 대답을 기다리는 동안 그의 떨림을 느낄 수 있었다. 홍 대리는 그런 그가 안쓰럽기도 하고 사랑스럽다고 생각했다. 평소 우직의 행동을 봤을 때 한 번은 그런 말을 듣지 않을까, 생각한 적도 있었다. 그런데도 그 말을 듣는 순간, 생각했던 것 이상으로 두근거렸다.

그러나 그녀는 짐짓 무덤덤한 표정으로 그를 봤다. 그 짧은 순간 신남과 지우의 얼굴이 그림처럼 스쳐 지나갔다. 신남에 대한 마음은 정말이지 티끌만큼도 남아 있지 않았다. 그러나 신남과의 만남과 이별은 다른 남자에 대한 신뢰나 호기심을 줄어들게 했다.

지우는 홍 대리가 우직과 사귀는 것을 은근히 바라는 것 같기는 했다. 우직과 좋은 관계로 발전하면 가장 좋아해줄 사람도 지우일 것이다. 그러나 홍 대리는 두려웠다.

남녀 관계는 때로 변덕스러운 날씨 같은 거였다. 끝이 좋으면 좋겠지만 그렇지 않을 확률도 있었다. 만약 우직과 만났다 헤어지기로 한다면 지우를 볼 면목이 없을 것이다. 예전부터 그 두려움을 떨쳐야지 하면서도 그게 생각만큼 잘 되지 않았다.

결국 그녀는 자신이 생각해도 말도 안 되는 소리를 해버리고 말았다.

"제가 일본어를 유창하게 할 수 있을 때까지 기다려줄래요?"

우직은 당황한 표정이었다. 거기서 일본어가 왜 나오는지 전혀 납득을 할 수 없었을 것이다.

홍 대리 또한 그랬다. 예스 아니면, 노우여야 했다. 그런데 갑자기 일본어를 할 수 있을 때까지라니. 그녀는 말을 내뱉은 뒤에 자기 머리를 콩콩 때리고 싶은 심정이었다.

"아, 그럼 제가 싫지는 않다는……."

우직은 기다려 달라는 말에 희망을 거는 듯했다. 홍 대리는 고개를 끄덕였다.

"예. 알겠습니다. 그때까지 기다리겠습니다."

우직이 그렇게 말해줘서 홍 대리는 정말 기뻤다. 마치 드라마 여주인공처럼 기다려주는 남주인공이 있는 느낌까지 들었다. 그러나 자신이 뱉어낸 말에 대해서는 여전히 부끄러웠다.

우직을 보낸 뒤 엘리베이터를 타고 집으로 올라오는 동안에도 그녀는 낯이 뜨거워 참을 수가 없었다.

'내가 왜 그랬을까? 아유. 이 바보.'

그녀는 침대 위에서 발을 동동 굴렀다. 그러다 문득, 그녀는 '겁쟁이'라는 단어가 떠올랐다.

애써 모른 척하고 있었지만 그 누구보다도 그녀 자신이 잘 알고 있었다.

자기 자신을 가장 믿지 못하고 있는 사람은 자신이라는 걸.

'그래. 믿음이 필요해. 내가 나를 믿지 못하는데, 누구를 믿게 만들겠어. 그 때문에 그런 말을 한 거야. 이번만큼은 정말 계획한 대로 잘하고 싶었으니까. 그러면 뭐든 용기를 가질 수 있을 것 같아서. 그런데, 어쩌면 잘못 생각하고 있는 건지도 모르겠다. 일본어를 마스터한 다음에 나를 믿을 수 있는 게 아니었어. 나에 대한 믿음이 있어야 일본어 공부도 잘 할 수 있는 거지. 다음에 한 번 더 우직 씨가 그 말을 꺼내면 마음이 가는 대로 하자. 그게 맞아. 일단 나를 믿고 보는 것.'

홍 대리는 벌떡 일어나 앉았다. 그리고 책상 앞으로 가 노트북을 켰다.

'무슨 일이 있어도 하루 한 문장 이상은 공부할 것. 매일 밥을 먹는 것을 빠뜨리지 않는 것처럼.'

양도 중요하지만 매일 공부하는 습관을 키우는 것이 중요하다는 이 주아의 당부를 홍 대리는 잊지 않고 있었다.

내 실력은 어느 정도일까

4단계 공부가 거의 끝나갈 즈음이었다. 그동안 홍 대리나 그 주위 사람들에게는 많은 변화가 있었다. 그다지 긴 시간은 아니었지만 무언가 변화하기에는 부족함이 없었다.

홍 대리는 일본에 대해 많은 것을 알게 되었다. 뉴스를 통해 공부를 하니 일본어뿐만 아니라 시사 상식이나 일본 사회의 현실에 대해서도 알 수 있어 좋았다.

가끔 친구들이랑 만나 대화를 하다 보면 그들이 알지 못하는 것까지 알고 있는 경우도 많았다. 그런 일이 한 번 두 번 반복되다 보니 은근히 기분이 좋기도 하고 자신감도 생겼다.

우직은 그 뒤로 별다른 말을 하지 않았지만 그 누구보다도 그녀를 세심하게 배려했다. 가케하시에 갈 때면 홍 대리는 꼭 우직과 함께 했다. 그건 서로 암묵적인 약속 같은 거였다.

그들이 '가케하시'에서 만날 때에는 일본어로 대화하기로 했다. 홍 대리의 실력은 우직에 비해 많이 부족했기에 그는 천천히 발음해 그녀가 알아듣기 편하도록 배려를 해주었다.

"우직 씨랑 일본어로 대화하면 자신감이 생겨요. 일본어가 귀에 쏙쏙 들어오니까 괜히 제가 잘 하는 것 같잖아요."

"정말 잘 하시는걸요."

"뭐, 조금 나아지긴 했지만, 우직 씨가 천천히 발음해 주지 않았으면 많이 알아듣지도 못했을걸요."

우직은 쑥스럽게 웃으며 머리를 긁적였다.

그렇게 우직과 함께하며 좋은 시간을 보내기도 했지만 섭섭하고 아쉬운 일도 있었다.

홍 대리는 비어 있는 옆자리를 보며 한숨을 쉬었다.

유성은 결국 열흘 전에 퇴사해 버렸다. 사표를 낼 때에도 후임자가 올 때까지는 출근을 하는 조건이었다. 결국 열흘 전에 후임자가 정해졌다. 유성의 후임자로 온 팀장의 이름은 김 지연이었는데 첫인상이 좋았다. 그녀는 다른 출판사에서도 꽤 능력을 인정받는 편집자였다. 앞으로 잘 지낼 수 있을 것 같다는 예감이 들었다.

그래도 역시 유성과 보낸 시간들은 아쉬웠다. 물론 그가 하는 카페에 놀러가거나 외부에서 만날 수도 있지만 매일 직장 동료로 보는 것과는 차원이 달랐다.

"커피요."

기획서를 작성하고 있는데 누군가 책상 위에 바깥에서 사들고 온 커피를 올렸다.

"아, 고맙습니다."

김 지연은 "뭘요"라고 하며 싱긋 웃었다.

홍 대리가 커피 한 모금을 마시자마자 문자가 왔다.

📱 내일 카페 개장한다. 와라.

유성이었다. 홍 대리는 그에게 바로 답 문자를 보냈다.

📱 화분 사들고 갈게요.

결혼식 이후 유성의 아내를 본 적이 없었다. 내일 카페에 가면 그녀도 만날 수 있겠구나 싶어 은근히 기대가 되었다.

'아 참. 강남에 가는 김에 이 주아 선생님도 함께 보면 좋겠다.'

홍 대리는 이 주아에게 전화를 걸어 선배가 카페를 개장했다는 소식을 전하고 함께 만나기로 했다.

"우와, 멋지다."

유성의 카페 안으로 들어선 홍 대리는 감탄사를 내뱉었다. 일본 분위기를 풍기면서도 현대적인 감각을 살린 내부 장식이 마음에 들었던 것이다. 그리고 테이블과 테이블 사이가 널찍해서 쾌적한 분위기를 만들어냈다.

"와줘서 고맙다. 이 사람은 알지?"

유성이 옆에 서 있는 아이코를 가리키며 말했다.

"그럼요. こんにちは。結婚式<ruby>けっこんしき</ruby>でお会<ruby>あ</ruby>いしましたよね。カフェを作<ruby>つく</ruby>るの大変<ruby>たいへん</ruby>だったんじゃないですか。(안녕하세요. 결혼식에서 뵈었죠? 카페 만드시느라 고생하셨어요.)"

아이코는 깜짝 놀란 듯 유성을 쳐다봤다.

"ああ、ミレも日本語<ruby>にほんご</ruby>、勉強<ruby>べんきょう</ruby>してるんだよ。(아, 미래도 일본어 공부하고 있거든.)"

"あ、そうなんですか。ほんと上手<ruby>じょうず</ruby>ですね。発音<ruby>はつおん</ruby>もいいですし。(어머. 그러셨구나. 정말 잘하시네요. 그리고 발음도 참 좋네요.)"

"ありがとうございます。でもまだ挨拶<ruby>あいさつ</ruby>ぐらいしかできないんですよ。(고마워요. 그런데 아직 일상적인 인사만 하는 수준이에요.)"

"そんな感<ruby>かん</ruby>じしないですよ。これからもしょっちゅう会<ruby>あ</ruby>いましょう。お互<ruby>たが</ruby>い日本語<ruby>にほんご</ruby>と韓国語<ruby>かんこくご</ruby>の勉強<ruby>べんきょう</ruby>ができたらいいですね。(그런 것 같지가 않은데요. 우리 자주 봐요. 서로 일본어와 한국어 공부하면 좋겠네요.)"

"いいですね。(그럼, 저야 좋죠.)"

홍 대리는 그들과 인사를 나눈 뒤 비어 있는 자리로 가 앉았다. 그들 부부와 아는 사람들이 많아 그들을 더 이상 잡고 있을 수가 없었다.

"혼자 온 거야?"

유성이 테이블에 개업 떡을 갖다 놓으며 물었다.

"아뇨. 조금 있으면 이 주아 선생님이 오실 거예요. 그런데 손님이 많네요?"

"첫날이라 간단한 음식과 선물을 마련했다고 전단지 돌렸거든."

"그럼 일본어에 관심 없는 손님들도 많겠네요."

"그렇겠지. 차차 여기 카페의 특성을 살려야지. 그래서 인터넷에 카페도 만들 생각이야. 일본어를 공부하는 사람들에게 유용한 정보도 줄 수 있고."

"흠. 그렇구나. 저쪽에 가 봐요. 선배 아는 사람인 것 같은데."

"그래. 챙겨주지 못해 미안하다."

"별 말씀을."

홍 대리는 커피만 달라고 한 다음 일본어로 된 뉴스를 읽으며 중요하거나 모르는 단어는 노트에 기입했다.

그렇게 집중하며 공부를 하고 있는데 누군가 테이블을 탁탁 두드렸다. 고개를 드니 이 주아가 앞에 서 있었다.

"아, 선생님."

"첫날이라면서요? 그런데 손님이 많네요."

"첫날이라 그렇대요."

"그런가요?"

이 주아가 자리에 앉자 다른 테이블에 있던 유성이 아이코와 함께 인사를 하러 왔다.

"아, 안녕하세요. 저번에 출판사에 갔을 때 본 적이 있죠?"

이 주아가 말했다.

"네. 오랜만에 뵙네요. 학원과 가까우니 자주 놀러오세요. 그리고 이 사람은 제 와이프인 아이코입니다."

"어머, 일본분이시구나. 그러지 않을까 싶어서요. こんにちは、あいこさん。(안녕하세요. 아이코 상.)"

"ええ、日本語お上手ですね、ユソンさん。友達みんな日本語が上手だね。(네. 일본어 정말 잘하시네요. 유성 상. 친구 분들이 다 일본어를 잘하시네.)"

이번에도 아이코는 깜짝 놀라서 말했다.

"あ、この人は日本語を教えてる。日本で勉強したんだよ。(아, 이 분은 일본어를 가르치셔. 일본에서 공부하셨고.)"

"あ、そうですか。どこでですか。(어머. 그래요? 어디에서?)"

"東洋大学です。(동양대학교에 있었어요.)"

215

아이코는 고향 사람을 만난 것처럼 반가워하며 이 주아와 한동안 일본에 관한 이야기를 나누었다.

그 둘은 오로지 일본어만 사용했다. 간간히 어려운 단어가 나오긴 했지만 홍 대리는 그들의 대화 중 반 이상을 알아들을 수 있었다. 그러나 대화에 낄 자신은 없었다. 일본인과 일본어를 가르치는 선생님의 대화에 끼어들어 잘못된 말을 할까 싶어서였다.

"언어를 빨리 습득하려면 부끄러움을 먼저 버려야 해요. 기회가 있을 때마다 말하는 자세도 필요하죠."

홍 대리가 머뭇거리자 이 주아가 말했다.

"次の休みに日本の京都に行くつもりなんですが、どこかおすすめのところを教えてもらえますか。(다음 휴가에는 일본의 교토에 갈 생각이에요. 가볼 만한 곳을 추천해 주실래요?)"

"もっと自信持って話してください。上手ですよ。(더 자신 있게 말해요. 잘하고 있어요.)"

이 주아가 말했다.

홍 대리가 다시 한 번 말하자 이 주아와 아이코는 정말 잘했다며 웃어주었다.

아이코는 홍 대리가 좀 더 정확하게 알아들을 수 있게 천천히 교토에 관해 말해주었는데, 설명이 끝날 때쯤 유성이 부르자 그가 있는 쪽으로 갔다.

홍 대리는 이 주아와 둘만 남게 되자 아이코가 있는 동안 굉장히 많이 긴장하고 있었다는 걸 깨달았다. 공부를 한다고 했지만 역시 일본인과 대화를 나누는 건 어려운 일이었다.

"그동안 공부 열심히 하셨나 봐요. 잘하시는데요."

이 주아의 칭찬에 홍 대리는 기분이 좋았다.

"그래도 아직 한참 멀었는걸요."

"그렇게 천천히 계단을 밟듯 올라가는 거죠. 세상에 어느 누가 갑자기 잘하겠어요?"

"하하. 그렇죠?"

"그럼요. 그 정도면 JPT 시험을 준비해 보는 것도 괜찮을 것 같네요. 아무래도 시험이라는 목표가 있으면 좀 더 긴장감을 가지게 되기도 하고요."

"JPT요? 그런 것도 있었어요?"

"네. 2월, 8월을 제외하면 매달 있으니까 한번 테스트해 보는 것도 괜찮겠죠? 그리고 일본어 능력시험도 있어요. 처음엔 3급부터 도전하는 사람이 많아요. 3급 시험은 12월, 2급과 1급은 7월과 12월에 있고요. 지금 4월이니까, 7월에 있는 일본어 능력시험 1급을 준비해 보는 게 괜찮을 것 같네요."

"JPT와 일본어 능력시험 둘 다요? 두 개나 할 수 있을지 모르겠어요. 그런데 JPT는 뭐고, 일본어 능력시험은 뭐예요?"

"JPT는 영어로 치자면 토익이에요. 그리고 일본어 능력시험은 토플이고요. JPT는 200문항이 나오는데 그중에서 청취가 100문항이나 나와요. 그리고 자연스러운 표현을 요구하는 시험이지요. 암기 위주로만 공부하면 절대로 풀 수가 없어요. 그래서 처음부터 암기 위주의 공부를 해서는 안 된다고 한 거고요.

어차피 말을 할 때에는 머릿속에 암기한 것을 일일이 꺼내 사용하지는 않잖아요. 그리고 암기만 하다 보면 단어를 나열하는 것으로 끝내기가 쉽죠. 제가 하라고 한 대로 공부를 하셨다면 홍 대리님은 그럴 염려는 없을 거예요.

회화를 잘하면 청취야 당연히 잘할 수 있는 거니까, 청취는 그렇게 걱정하지 않으셔도 될 거예요. 그리고 이 시험은 순발력을 필요로 하거든요. 그림을 보고 문장의 의미를 파악하며 공부한 게 순발력을 키우는 데에도 도움이 되었을 거예요.

시험 시간은 청취가 45분, 독해가 50분 합쳐서 95분인데, 집중력도 필요해요. 긴 문장이 나와버리면 문장을 해독하는데 바빠 집중력이 흐트러질 수도 있거든요. 사실, 장문은 익숙하지가 않잖아요. 그러니까, 시험 준비를 하려면 어느 정도 연습은 필요하죠."

홍 대리는 눈을 반짝이며 이 주아의 말을 들었다. 이왕 하는 거 JPT나 일본어 능력시험을 목표로 해서 그 시험을 둘 다 통과하고 싶었던 것이다.

218

"JPT는 문제집이 450, 600, 800이 있어요. 990점이 만점이니까 홍 대리님은 우선 800점 이상을 목표로 하면 될 것 같네요."

"그럼 그 시험을 치기 위해 어떻게 공부하는 게 좋을까요?"

"드라마와 뉴스로 공부하고 계시죠?"

"네."

"그건 꾸준히 해야 하는 거예요. 그것과 병행해서 시험 준비를 하는 게 좋아요. 그 방법은 오늘 밤 메일로 보내드릴게요. 아무래도 자세하게 설명하려면 말보다 글이 더 나을 테니까요."

"고맙습니다. 선생님."

"뭘요. 학원에서 제자를 보는 것도 좋은 일이지만, 홍 대리님과 전 좀 다른 인연이잖아요. 이런 인연으로 가르침을 주기도 하고, 받을 수도 있는 게 참 특별하지 않나, 라는 생각을 했어요. 그리고 학원 제자들은 매일 학원을 다니는 사람들이잖아요. 학원을 다니지 않고, 독학으로 공부하는 사람에게도 제 공부방법이 확실하게 도움이 된다는 걸 홍 대리님을 통해서 알기도 하는걸요. 그래서 더 흐뭇한 것도 있어요."

"정말요? 그렇게 생각해 주시니 전 정말 좋아요."

홍 대리는 이 주아의 말에 감격해서 손이라도 붙잡고 싶은 심정이었다.

"선생님. 시험에 합격하면 진짜 맛있는 저녁 대접할게요."

"그래요. 기대하고 있을게요."

이 주아는 가볍게 웃었다. 그 모습을 본 홍 대리는 문득 이 주아가 자신의 것을 나누어주는 느낌을 받았다. 꼭 물질이 아니어도 다른 누군가에게 나누어줄 수 있는 것은 많았다. 그건 그것이 무엇이든 가지고 있을 때 나눌 수 있는 것이었다.

'그래. 지금은 부족하지만 나중에 좀 더 잘해내면 나도 다른 누군가에게 나누어줘야겠다. 일단은 시험을 통과하는 게 목표이고, 그다음엔 통역을 제대로 해내는 거야. 하지만 궁극적으로는 일본어를 배우고 싶지만 그런 형편이 안 되는 사람에게 내걸 나누어줄 수도 있겠지. 뭔가를 나누어주기 위해서는 먼저 내가 잘해내야 해. 열심히 하자. 행복하고, 즐겁게.'

| 4단계 미션 |

일본 테마 카페에서 일본인에게 말 걸기

외국어를 공부하고 있는, 또는 시도하려는 사람들에게 꼭 들려주고 싶은 이야기가 있다. 부딪히는 힘과 버릴 수 있는 용기, 이 두 가지다. 보통 일본에서 1~2년 어학연수를 끝낸 사람들이 내 중급 클래스에 들어온다. 그러나 수업이 시작되고 10분 이내에 교실을 나가거나, 2~3일 나오다가 안 나오거나 하는 경우가 대부분이다. 10분 이내에 교실을 나가는 경우는 격일로 다루는 드라마나 뉴스를 한번 보고 일본어로 줄줄 내용을 얘기하는 학생들을 보고 기겁해서 쇼크를 먹고 나가는 경우이다. 그래도 2~3일 견디는 경우는 '나도 저렇게 되고 싶다'라는 소망이 있기 때문이다.

그러나 집에 돌아가 숙제를 하는 과정에서 처음 시도하는 사람은 곧 깨닫게 된다. 그날 공부할 내용은 24시간 중 깨어 있는 거의 모든 시간을 할애해야 해낼 수 있는 분량이다. 정상적인 사람이라면 불가능한 건 극히 당연한 일이다. 그래서 과감히 버릴 수 있는 용기가 필요한 것이다. 내 수업을 듣는 학생들은 90퍼센트가 재등록한다. 탈락은 내 클래스에서 가장 첫 단계인 입문반에서 나온다고 보면 된다. 입문반에서 수도 없이 입이 닳도록 얘기한다. 과감히 버릴 수 있는 용기를.

보통 입문반에서 다루는 하루 분량은 10줄 정도이다. 해보면 알겠지만 더듬지 않고 모국어처럼 자연스럽게 토해낼 수 있게 되기까지의 연습은 생각처럼 쉽지 않다. 나는 항상 강조한다. 대충은 많이 해봤자 의미가 없다. 발음 똑바로, 표현 제대로, 더듬지 말고, 모국어 구사하듯 자연스럽게. 한 줄이 완벽해졌을 때에만 두 줄째로 넘어가라. 한 줄이라도 제대로 연습하는 사람은 시간이 흐름에 따라 양은 반드시 늘어간다. 그래서 중급반 사람들이 긴 분량의 드라마와 뉴스를 줄줄 말할 수 있게 된 것이다. 그들도 한 줄, 두 줄부터 시작해 시간이 흐름에 따라 양이 늘어간 것에 불과하다.

드라마와 뉴스로 어휘력을 늘리면서 공부한 지 8개월~1년 정도가 되었다면 반드시 일본인을 직접 만나 말을 걸어보길 바란다. 마음이 맞는 사람을 만났다면 좋은 일본인 친구가 생길 수도 있다. 일본인은 어디서 만날 수 있느냐고?

자~. 한일교류 카페 '가케하시'로 출발해 보자. '가케하시'는 1997년 9월 6일 오픈한 곳이다. 지금은 일본어 천재가 된 사람들도 병아리 시절엔 많이 신세를 진 곳이다. 교류회에 참가하고 싶다면 시간은 아래를 참조하시라.

평일 19:30~21:30 / 토 16:30~19:00 / 일 17:00~19:00

다양한 프로그램도 있다.

월	KJ3040	20대 후반부터 다양한 연령층의 모임
화	니지노 카이 (무지개의 모임)	20, 30대 보드게임과 프리토킹
수	한국어 교류회	한국어 공부와 회화를 하는 모임 - 한국어 가르치며 친구 만들까?
목	일본수화사랑	일본 수화로 일본어를 배우는 모임 - 수화도 배우고 일본어도 배우고 일석이조
금	일본어 학우회	자유로운 분위기의 프리토킹 모임
토	모모타로	각종 게임, 퀴즈(1, 3, 5주) / 프리토킹(2, 4주)
일	아지토	한일 양국 언어공부 모임, 프리토킹

카운터에 가서 모임에 참가하고 싶다고 이야기하면 안내해 준다.

아는 것은 들리고 모르는 것은 안 들리는 것, 지극히 당연한 일이다. 마음이 편안하시죠? 아는 것은 머리가 아니고, 어디로? 입으로 부딪쳐라.

한국에서 일본 문화를
배우는 법　5장

5단계, 일본어 능력시험과 JPT 도전하기

이 주아는 약속대로 이메일을 보냈다. 홍 대리는 보석 상자를 여는 기분으로 그녀의 메일을 클릭해 열었다.

✉️ 능력시험과 JPT 시험을 준비할 단계까지 왔군요. 4단계를 넘어섰으니 마지막 단계를 준비할 때이긴 하죠.

능력시험과 JPT 시험은 병행해서 준비해도 되지만, 하나씩 차근차근 도전해 보기를 권하고 싶습니다. 능력시험이 상대적으로 어렵지 않으니까 먼저 2개월 공부하시고 7월에 있는 시험을 치르세요. 그런 후에 JPT에 도전해 보세요. 이 두 시험을 준비하는 데 기간은 4개월 정도 잡으시면 됩니다.

그럼 시험을 위해 뭘 공부해야 할지 말씀드릴게요.

서점에 가보면 시험 준비를 위한 모의고사 문제집이 나와 있습니다. 모의고사 1회

분량만 있는 문제집이 있고, 2회 이상 있는 문제집이 있습니다. 어떤 것을 구입하든 해설집이 있는 것을 선택하시는 게 좋습니다.

능력시험은 2급보다 1급을 준비하시는 게 좋습니다.

애당초 1급 시험을 준비하다 보면 한 번 떨어진다 해도 재도전해서 합격하는 데 유리합니다. 2급은 도전해서 합격했다고 해도 어차피 1급 시험을 또 봐야 하니까요.

문제집은 먼저 일본어 능력시험 1급을 구입하세요. 400점 만점에 문제를 푸는 시간은 180분이니까 똑같은 환경으로 해서 문제를 풀어보세요. 그리고 나서는 틀린 문제 위주로 꼼꼼히 공부하세요.

하지만 모의고사를 푸는 데에 너무 욕심을 부릴 필요는 없습니다. 한 달에 1회 풀어보는 걸로도 충분합니다. 해설까지 꼼꼼하게 읽고, 틀린 문제를 완벽하게 이해하는 것이 더 중요합니다.

물론, 시험을 준비하는 기간 동안에도 드라마와 뉴스로 말하기 연습을 하는 걸 멈춰서는 안 되겠죠. 때문에 모의고사 시험지를 푸는 시간을 따로 내시는 것이 좋을 겁니다. 홍 대리님은 직장을 다니시니 주말을 이용하는 것도 괜찮겠지요.

이게 통과되면 그 다음은 JPT를 준비하시면 됩니다. 영어와 달리 일본어의 경우에는 토익 스타일인 JPT가 좀 더 어렵습니다. 200문항을 95분 동안 똑같은 환경에서 모의고사를 치러보십시오. 이것도 능력시험의 경우와 마찬가지로 2개월 정도 공부하시면 됩니다.

좋은 결과가 있기를 바랍니다.

홍 대리는 메일을 다 읽은 후 자신의 노트를 펼쳤다.

- 5단계 : 능력시험과 JPT 모의고사 시험지 풀기
- 일본어 나이 : 시험을 준비할 정도가 되었으니 열아홉이라고 해야 겠다. 19살.
- 소요 기간 : 4개월
- 학습 방법 :
  1. 드라마와 뉴스는 하던 대로 계속 공부한다.
  2. 능력시험 1급 문제집을 풀어본다.
  3. 모의고사 시험지에 나온 문장 중 모르는 것이나 틀린 문제를 파악해 공부한다.
  4. 능력시험에 합격하면 JPT 모의고사 문제집을 풀어본다.
  5. 틀린 문제나 모르는 부분을 꼼꼼히 공부한다.
- 주의사항 : 능력시험은 1급 시험을 목표로 공부한다. 2, 3급 시험은 고려하지 않아도 좋다. JPT는 800점대를 목표로 한다.

그렇게 정리를 하고 보니 홍 대리는 괜히 긴장되었다. 네 달 동안 한 달에 한 번 시험을 쳐야 한다는 생각이 들어서였다.

"일본어로 대화하지 않을래?"

일요일에 집에서 공부하기란 쉽지 않은 일이었다. 가족이 다 함께 있으니 자꾸만 놀게 되고 집중도 되지 않았다. 그래서 홍 대리는 매주 일요일 지우의 작업실로 가서 공부하기로 했다. 시작한 지 벌써 한 달이 지났을 때였다. 홍 대리는 며칠 전부터 마음먹었던 이야기를 했다. 자신은 없었지만 그렇게라도 하면 일본어 실력이 더 늘수 있을 것 같아서였다.

"좋아. 네가 공부하는 동안엔 일본어로만 말하자. 그 외 시간은 한국어로."

"흠. 그거 괜찮네. 일본어로만 말하면 답답할 거야. 아직 모르는 단어도 많아서."

"그럼. 계약 성립이다."

"계약씩이나? 아, 한국어를 사용하면 벌금 내기로 할까?"

"그것도 좋네. 적당히 긴장감도 있고."

"じゃあ、今(いま)からスタート!(그럼, 지금부터 시작이다.)"

"模擬問題(もぎもんだい)、解(と)いてみた?(모의고사는 풀어봤니?)"

"うん。(응.) そうだ。ジウは何点(なんてん)取(と)ったと言(い)ったっけ?(참. 너는 몇점 받았다고 했지?)"

"JPTは800点とった。日本語能力試験は1級。とりあえずこの
ぐらいで十分だから。(JPT는 800점대이고, 일본어 능력시험은 1급. 일단
그 정도로 충분하니까.)"

"そっかあ。私も追い付くためにはがんばらなきゃ。(그렇구나. 나
도 열심히 해야겠다. 너 쫓아가려면.)"

홍 대리는 그렇게 말한 다음 모의고사 시험지에 다시 눈을 돌렸
다. 처음 180분 동안 모의고사를 풀어봤을 때, 중간에 전혀 이해가
되지 않는 문제가 있으면 이 주아의 충고대로 그냥 찍기도 했다. 그
런데 홍 대리는 반 정도밖에 맞추지 못다. 그래서 익혀놓아야 할,
모르거나 틀린 문제도 그만큼 많았다.

그녀는 처음엔 자신의 실력에 실망을 했지만 어차피 이것도 시
작이니까 앞으로 나아질 거라고 긍정적으로 생각하기로 했다.

공부를 하며 알게 된 것인데, 긍정은 아주 큰 힘을 발휘했다. 실
망하고 자책하다 보면 공부가 되기는커녕 그런 감정에 매몰되어
시간만 소비했다. 그러나 당장은 부족하더라도 긍정적으로 생각하
면 노력을 더 하게 되는 효과가 있었다. 그뿐만이 아니라 부족한 점
을 채워나가는 과정이 즐겁기까지 했다.

"그런데 오늘은 우직 씨와 유식 씨가 안 보이네?"

공부를 시작한 지 두어 시간쯤 지나자 홍 대리가 지우에게 말을
걸었다.

"아, 그 사람들."

"그 사람들?"

"놈들이라고 안 한 것만도 다행이지."

"싸웠어? 유직 씨랑?"

지우가 고개를 끄덕였다.

"아니, 왜?"

"너 때문에."

"뭐?"

홍 대리는 어이가 없었다. 그들이 싸운 이유가 자신 때문이라니.
그녀는 잠시 말을 잇지 못하고 눈만 동그랗게 떴다.

"내가 왜?"

"우직이 고백했다며?"

"그런 것도 알고 있어? 아니, 그보다 그렇다고 말해? 우직 씨 생
각보다 입이 싸네."

"야아. 그러지 마."

지우는 눈살을 찌푸렸다. 그리고 홍 대리가 몰랐던 그간의 사정
을 말해줬다.

그녀의 말에 따르면 우직은 홍 대리에게 표를 내지 않았을 뿐, 계
속 힘들어했다는 것이다. 기다리라는 말을 받아오기는 했지만 정말
기다려도 되는지, 기다린 후엔 자신이 원하는 답변을 받을 수 있는

지 확신을 가질 수 없었다고 했다. 유식은 친구의 그런 모습을 보고 지우에게 "네 친구는 왜 그러냐?"라고 한마디 던졌다. 좋으면 좋고 아니면 아닌 거지, 사람 힘들게 무슨 짓이냐고. 지우는 발끈해서 그 것도 이해 못하는 마음 좁은 놈들이라고 공격해 버렸다. 그 길로 유식은 우직을 데리고 나가버렸다는 것이다.

"에휴. 내가 죄인이네."

대충의 사정을 다 들은 후에 홍 대리는 한숨을 푹 쉬었다.

"사실, 나도 이해가 잘 안 돼. 왜 그랬어? 먼저 좋아하는 사람이 약자라지만, 우직 입장에선 좀 가혹한 일 아니니?"

"그게……."

홍 대리는 그동안 자신의 고민을 대충 말해 주었다. 자신감이 없었다거나 만에 하나 잘못 되었을 경우 지우와의 관계까지 문제가 생길 수 있다는 것이나, 그 때문에 지금처럼 행복한 일상을 엉망으로 만들고 싶지 않다는 것까지.

지우는 홍 대리의 말을 중간에 자르지 않고 내내 들어주었다. 그리고 홍 대리가 말을 끝냈을 때 지우는 그녀의 머리를 장난스럽게 쓰다듬었다.

"알겠어. 네 고민이 뭔지는."

지우는 어른스럽게 말했다.

"그런데, 말 그대로 고민일 뿐이잖아. 이 머릿속에 있는."

지우는 홍 대리의 머리를 가리켰다.

"행동도 하기 전에 고민만 하는 건 그다지 바람직하지 못하다고 생각해. 뭐든 해보는 거지. 고민은 아무것도 변화시키지 못하지만 뭔가를 했을 땐 결과가 어떻든 변화를 가지게 되잖아. 좋은 결과면 더할 나위 없이 좋지만, 나쁜 결과라 해도 후회할 건 없지 않을까. 할 수 있는 만큼 했으니까.

그러니까, 이런저런 고민으로 머릿속을 복잡하게 만들기보다는 조금 더 단순화시킬 필요가 있을 것 같네. 이를테면, 우직을 좋아하냐 그렇지 않냐만 판단해. 만약 좋아하는 게 확실하다면 우직이 손을 내밀었을 때 잡는 거지. 그 뒤의 문제는 그때에 맞게 해결하면 되고.

그리고, 아무렴. 우직과 사이가 틀어졌다고, 우리 사이까지 틀어지겠냐? 넌 나를 몹시 띄엄띄엄 본다."

홍 대리는 그녀의 말이 고마웠다. 그래서 자신도 모르게 그녀를 껴안았다.

"역시, 내 친구."

"참 내. 야, 떨어져."

지우의 사무실에서 나온 홍 대리는 우직에게 문자를 보냈다. 홍 대의 걷고 싶은 거리에서 만나자는 내용이었다.

'나의 우유부단함이 여러 사람을 괴롭히고 있어. 이미 마음을 정했으니, 행동으로 보여주자.'

먼저 와서 기다리고 있던 홍 대리의 눈에 저만치 떨어져 있는 곳에서 우직이 오고 있는 모습이 보였다. 청바지에 헐렁한 남방을 걸쳐 그런지 본인의 나이보다도 훨씬 어리게 보였다. 그 주변으로 수많은 사람들이 지나다니고 있었지만, 홍 대리의 눈에는 오로지 그만 보였다. 심지어는 아무리 많은 사람들이 있어도 그를 찾아낼 수 있을 것 같기도 했다.

홍 대리를 발견한 우직은 만면에 웃음을 띠고 그녀 가까이 왔다.

"많이 기다렸어요?"

"아뇨. 오가는 사람들 보는 것도 괜찮네요."

"저녁 안 먹었죠? 뭐 먹고 싶어요?"

"흠. 조개구이 어때요? 저쪽에 맛있는 집 아는데."

"좋아요."

둘은 가까이 있는 조개구이 집에 가 자리를 잡고 앉았다. 쟁반 가득 나온 각종 조개들을 우직이 불판에 올려 굽기 시작했다.

그녀는 그가 챙겨주는 대로 조개를 받아먹으며 가끔씩 그의 얼굴을 봤다. 사실, 더 이상 그를 기다리게 할 필요는 없었다. 그녀 자신도 그러고 싶지는 않았다.

회화를 할 때 중요한 건 상대의 눈을 쳐다보는 거예요. 자기가 하고자 하는 말을 정확하게 전달하기 위해서죠. 그리고 상대를 배려하는 마음으로 듣기 위해서이기도 하고요.

언젠가 이 주아는 그렇게 말했다. 테이블 중앙 불판에는 조개가 한 무더기 올라가 있었고, 그 밑에 있는 숯불에서는 연기가 피어오르고 있었다. 맞은편에 앉아 있는 우직은 끊임없이 팔을 움직이며 조개를 뒤집고 있었다.

주변 테이블에 앉아 있는 사람들의 음성이 높게, 또는 낮게 들려오는 가운데 그녀는 우직이 앞 접시에 놓아준 가리비를 입안에 넣었다.

그는 그다지 말이 많은 남자는 아니었다. 그래서 때로는 긴 침묵이 이어지기도 했다. 그런데도 그녀는 그다지 불편하지 않았다.

언어는 입으로만 뱉어내는 것이 아니라 몸짓과 눈짓으로도 표현할 수 있는 거였다. 그리고 홍 대리가 우직에게 전화를 했을 때 이미 그는 그녀가 할 말을 짐작하고 있는지도 몰랐다.

구이 집을 나온 그들은 카페를 찾아 들어가지 않았다. 바람은 적당히 좋았고, 거리는 조금 전보다 한산했다. 그들은 '걷고 싶은 거리'의 벤치에 앉았다. 그런데 앉다 말고 우직이 말했다.

"아, 잠깐만 여기 있어 봐요. 커피 사올게요."

테이크아웃 커피전문점 쪽을 향해 뛰어가는 우직의 뒷모습을 보다 홍 대리는 가방에서 핸드폰을 꺼냈다.

📱 우직 씨. 사귀자는 말 아직도 유효해요? 그렇다면 전 그러고 싶은데.

커피 전문점 문을 열다 말고 우직이 멈춰서는 것이 보였다. 잠시후 그가 뒤돌아서서 홍 대리가 있는 쪽을 쳐다봤다. 그가 왔던 길을 다시 돌아서 뛰어오기 시작하자 홍 대리도 천천히 자리에서 일어났다.

전철 안에서 〈월간 NHK〉를 읽기 시작한 지도 벌써 2주일이 지났다. 모르는 단어가 나와도 앞뒤 문맥을 파악해 충분히 문장의 의미를 읽어낼 수가 있었다. 그리고 아무리 봐도 알 수 없는 단어는 전자사전을 찾아 그 옆에 기입해 두었다. 사무실에 도착하면 따로 메모를 해두고, 그날 새로 알게 된 단어는 무조건 암기를 했다.

오늘도 홍 대리는 1시간여 일찍 사무실에 도착했다. 일본어 노트를 정리하는데, 등 뒤에서 누군가 내려보는 시선을 느꼈다. 깜짝 놀란 홍 대리는 짧게 소리를 내지르며 뒤돌아보았다.

그곳에는 편집장이 서 있었다.

"아. 편집장님."

"일본어 공부하는 거야?"

편집장은 여전히 책상 위에 있는 잡지를 내려다보며 물었다.

"예."

"요 근래 일찍 오는 이유가 있었구나."

"복잡한 전철을 피할 수도 있고 해서요."

"정말 통역 잘할 수 있겠어요?"

"네. 잘할 수 있어요."

"하하. 자신감이 있어 좋네. 계속 잘해봐요. 우리도 출판사 사람이 통역하는 게 좋지."

편집장은 그렇게 말하며 싱긋 웃었다.

"아, 고맙습니다."

홍 대리는 머쓱하고 민망해서 괜히 자신의 뒤통수를 쓰다듬었다.

직원들이 하나 둘 오기 시작하자 홍 대리도 잡지를 집어넣고 컴퓨터를 켰다. 그녀는 일을 할 때에는 일본어와 관련된 어떤 공부도 하지 않았다. 눈치가 보여서이기도 했지만 둘 다 잡고 있으면 둘 다 제대로 할 수 없기 때문이기도 했다. 일을 할 때는 일만 집중하고, 그 외의 시간에는 공부를 하는 게 훨씬 효율적이었다.

배경지식도 언어다

"시작!"

말을 내뱉는 것과 동시에 우직은 스톱워치를 눌렀다. 홍 대리는 모의고사 시험지에 눈을 돌리고 열심히 문제를 풀기 시작했다.

"어휴, 재미있게들 논다. 남의 작업실에서."

그림을 그리다 말고 지우가 말했다. 홍 대리는 쑥스럽게 웃었지만 문제에서 눈을 떼지 않았다. 우직은 시험 중이니 조용히 하라고 작은 소리로 말했다.

"다음부턴 너희 작업실로 가."

지우는 밉지 않게 눈을 흘기며 손가락으로 우직의 머리를 가볍게 쳤다.

5분여쯤 지나자 홍 대리의 귀에는 이제 다른 사람들 말은 들리지도 않았다. 일주일 뒤에는 시험이 있다. 지난 2개월 동안 일본 드라마와 뉴스를 번갈아 보면서도 매일 일본어 능력시험을 위한 공부도 게을리 하지 않았다.

우직은 그녀를 위해 기꺼이 일본어 공부를 도와주었다. 카페를 가더라도 '가케하시'에만 갔고, 때로는 일본어로만 대화를 하기도 했다. 또 유성이 만든 강남의 카페까지 가기도 했다. 우직이 차로 바래다주는 덕분에 집과는 꽤 거리가 먼데도 부담이 없었다.

시험을 치는 180분 동안 우직은 옆 작업실에서 자신의 작업을 했다. 그는 내년에 있는 '도쿄 국제 애니메이션 페어'에 보낼 작품을 심혈을 기울여 만들고 있었다. 이번엔 유식과 공동으로 만드는 것이 아니기 때문에 훨씬 더 많은 시간이 걸린다고 했다.

모의고사를 풀기 시작한 지 180분이 다 되어가고 있었다. 언제 왔는지 우직이 "이제 끝"이라고 말했다.

"시험지도 네가 채점해?"

지우가 물었다.

"그래야 시험 보는 맛이 있잖아. 미래야, 수고했어. 잠깐만 기다려. 옆방에서 채점하고 올게."

우직은 히죽 웃으며 옆 작업실로 갔다.

"너, 진짜 남자친구 하나는 잘 됐다."

지우가 말했다.

241

"나도 그렇게 생각해."

홍 대리는 그렇게 대꾸하며 웃었다.

10여 분 뒤에 우직이 다시 들어왔다.

"몇 점이게?"

"저번보다는 좋지 않을까? 286점?"

"틀렸습니다."

"그럼 더 낮아? 280점 넘어야 합격이잖아."

홍 대리가 놀라 물어보자 우직이 시험지를 내밀었다.

"349점이야."

"우와."

지우가 먼저 탄성을 질렀다.

"정말 잘했어."

"하하. 다 당신들 덕분이지."

홍 대리는 기분이 좋아 계속 헤실거리며 웃었다.

정말 시험이 얼마 남지 않았다. 만약 이번 기회에 합격하지 못한다 해도 다음 기회가 있었다. 그러나 그녀는 쿠와바라 작가의 통역을 확실히 하기 위해서라도 이왕이면 이번에 합격하기를 바랐다.

'바라는 만큼 이룰 수 있을 거야. 꼭 그렇게 해낼 거야.'

홍 대리는 다시 한 번 의지를 다졌다.

그동안 출퇴근길에 신남이나 세련을 만나지 않은 것을 홍 대리는 큰 운으로 여겼다. 그도 그럴 것이 홍 대리는 출근길엔 늘 비상계단을 이용했기 때문이었다. 그러나 오늘은 걸어올라가다간 지각할 것 같아 엘리베이터를 기다리고 있었는데 세련이 뒤늦게 다가와 말을 걸었다.

"어머, 오랜만이에요. 홍 대리님."

"아, 네."

홍 대리는 어색하게 대꾸했다. 딱히 그녀와 할 말이 없어 홍 대리는 눈을 치켜뜨고 엘리베이터가 내려오고 있는 층수만 바라봤다.

"일본어 통역 지원하셨다면서요?"

"아, 네. 편집장님이 고맙게도 기회를 주셨어요."

"일본어 전공도 아니고, 일본에 유학을 다녀오신 것도 아닌데 할수 있겠어요?"

홍 대리는 깜짝 놀라 고개를 돌렸다. 다른 사람도 아닌 세련이 그런 말을 할 거라고는 상상도 못한 일이었다.

"세련 씨도 중국 유학을 간 건 아니지만 중국어 잘하시잖아요."

"전 영문학 전공인데다, 언어 감각이 원체 빠른 편이거든요. 왜, 있잖아요. 언어능력이 좀 뛰어난 사람들. 홍 대리님은 다르잖아요. 실수라도 하면 어떡해요?"

"세련 씨도 잘 알겠지만, 다른 나라 언어를 배우기 위해 꼭 그 나라에 가지 않아도 괜찮아요. 그리고 언어감각이 좀 없어도 노력하면 충분히 잘할 수 있고요. 통역에 실수가 없도록 하기 위해 저 정말 열심히 공부하고 있거든요. 걱정해 주시는 건 알겠지만, 그런 식으로 말하지 말아요."

홍 대리가 그렇게 말하자 순간 세련의 안색이 변했다.

"아, 미안해요. 정말 걱정되어서 한 말이었어요. 그런데 생각해 보니, 제가 좀 주제넘었네요."

세련은 곧바로 사과를 했다. 그 때문에 홍 대리의 마음은 좀 풀렸지만, 괜한 오기가 생겼다.

'본토에 가야만 꼭 언어를 배울 수 있나? 하여튼, 촌스러워.'

그녀는 속으로 투덜거리며 그녀를 보지도 않고 엘리베이터 안으로 성큼 들어섰다.

"아, 선생님."

유성의 가게로 들어선 홍 대리는 창가 쪽에 앉아 있는 이 주아를 발견하자마자 환하게 웃으며 그쪽으로 갔다. 뒤이어 물을 들고 온 유성이 자기에겐 인사도 안 한다고 투덜거렸다.

"선배는 며칠 전에 봤잖아요."

"그때는 우직 씨랑 와서는 찬밥 취급했잖아."

"제가 언제요?"

"그랬어. 우직 씨랑 희희낙락거린다고 내가 눈에 보였겠냐?"

유성과 홍 대리의 대화를 듣던 이 주아가 말했다.

"어머, 홍 대리님. 사귀는 사람 있어요?"

홍 대리는 쑥스러워하며 고개를 끄덕였다.

"아하. 그래서 메일도 뜸한 거였구나."

"아니에요, 선생님. 그건, 선생님께 폐가 될까 봐."

"이미 폐는 많이 끼쳤잖아요."

"어머. 선생님."

"하하. 농담이에요. 그분도 데리고 오지 그랬어요?"

"에이. 어떻게 그래요?"

홍 대리는 그렇게 말하며 웃었다. 그때 유성이 커피를 들고 왔다.

"그런데, 아이코는 안 보이네요."

"어제 싸운 뒤로 집에서 안 나와."

"예? 왜요?"

"가방을 들어주다가. 이게 말이 돼?"

유성은 개인적인 이야기를 하는 게 민망했는지 흘낏 이 주아를
봤다.

"앉으세요. 지금은 손님도 별로 없는 것 같은데."

이 주아가 자리를 권하자 유성은 고맙다고 말하고 앉았다.

"가방이 왜요?"

홍 대리는 그의 말이 궁금해 재빠르게 물었다.

"어제 집에서 나오는데 가방이 무거워 보이는 거야. 그래서 아이코의 손에서 가방을 집어 들어줬거든. 그런데 갑자기 화를 내는 거야."

"아니, 왜요? 남자가 무거운 가방을 들어주는데?"

홍 대리는 도저히 이해가 되지 않아 물었다. 그러자 옆에서 이 주아가 말했다.

"일본에서는 남자가 여자 가방을 드는 걸 부끄러운 일로 생각해서 그래요."

"그래요?"

홍 대리는 난생 처음 들어보는 말에 깜짝 놀랐다.

"문화가 다른 거죠. 그러니 그분 입장에선 당황할 수밖에 없었겠죠."

"그렇구나."

"가끔 문화 차이 때문에 싸우는 경우가 있어. 반신욕 하고 나오다가도 싸워."

"그건 또 왜요?"

"아이코도 반신욕을 한다기에 물을 다 빼고 깔끔하게 정리정돈까지 했는데 욕 먹었다. 일본에서는 한 번 물을 받아서 가족들이 돌아가며 사용한다잖아."

"아. 그 얘긴 들은 적 있어요."

"그걸 알아도 그렇게 하기 힘들더라고."

유성은 그렇게 말하고 일어났다. 옆 테이블에서 유성을 불렀기 때문이었다.

"선배 말 듣고 있으니까, 정말 다른 나라 사람이랑 사는 게 어떤 건지 실감이 나네요."

"그 정도는 약과죠."

"그래요?"

"그럼요. 아무래도 문화가 다르니까 사고방식도 다를 수밖에 없죠. 언어가 사람들의 생각을 결정한다는 이론도 있잖아요. 그러니까, 그 나라의 언어를 보다 잘 이해하기 위해선 그 나라의 문화를 이해할 필요가 있는 거죠."

"며칠 전에 동료가 그러더라고요. 유학도 안 가고 어떻게 통역하겠냐고. 그래서 안 가도 열심히 하면 할 수 있다고 큰소리 빵빵 치긴 했는데……. 선생님 말씀을 듣고 보니, 그 나라 문화도 모르면서 통역을 어떻게 할 수 있을까, 앞이 캄캄해요. 다른 것도 아니고 통역이잖아요."

"하하. 그런 식으로 따지면 언어를 공부하는 사람들이 다 유학을 가야 하게요? 물론 그 나라에서 직접 그 나라 언어를 배우는 것만큼 좋은 건 없어요. 하지만 다들 그럴 수는 없잖아요.

그렇지 못하기 때문에 좋은 학습법이 필요한 거고, 노력이 따라야 하는 거죠.”

“어떻게 그들의 문화를 습득하는 게 좋을까요?”

“하고 있잖아요. 드라마를 보고, 뉴스를 듣고. 그들의 일상이 그곳에도 담겨 있으니까, 가끔 보다 보면 '어, 저건 저렇구나, 이건 이렇게 다르네.'라고 생각할 때가 있잖아요.”

“네. 그렇긴 하지만, 좀 더 가깝게 다가갈 수 있는 방법은 없을까요?”

“기초 단계에서는 그 정도밖에 할 수 없지만······. 홍 대리님은 그 단계를 어느 정도 넘어섰으니, 일본 사이트에 들어가는 것도 괜찮겠네요. 우리나라에서도 다음이나 네이버 카페에 가입해 활동하고 그러잖아요? 마찬가지로 일본 사이트의 카페 같은 데 가입해 그들과 소통하는 거죠. 언어는 화석이 아니니까, 일상적인 소통이 필요하죠.”

“맞다. 그 방법도 좋겠군요.”

“그리고 일본인들이 자주 오는 카페에 가면 스스럼없이 먼저 말을 걸어 봐요. 여기도 일본 사람들 자주 오잖아요.”

“하지만, 어색해서요. 처음 보는 사람에게 먼저 말 거는 게.”

"제가 여행을 좋아해서 자주 다니는 편이거든요. 그런데 인도나 이집트 같은 데 가면 현지인들이 스스럼없이 말을 걸어요. 영어를 잘하든 못하든 말이에요. 그들은 다른 곳에서 온 사람들에 대한 호기심이 참 많아요. 그래서 그렇게 말을 거는 거겠지만.

어쨌든, 그들이 먼저 다가오는 느낌이 참 좋아요. 그 나라의 유적만 보는 게 아니라 그 나라 사람들과 소통을 할 수 있어서요.

다른 사람들도 그렇지 않을까요? 마음을 열고, 누군가 먼저 말을 걸어오면 기쁘게 생각할 거예요. 처음이 어렵지, 하다 보면 자연스럽게 될 거예요.

길 가다가 아무나 붙잡고 말하는 것은 좀 생뚱맞지만, 카페 같은 곳에서는 얼마든지 말을 걸 수 있잖아요."

"그렇구나. 다음부턴 시도해 봐야겠어요."

사실, 홍 대리도 '가케하시'에 갈 때마다 일본인들이 있으면 말을 걸고 싶었다. 하지만 용기가 없어 한 번도 혼자서는 말을 건 적이 없었다. 우직과 함께 있을 때라면 모를까. 생각해 보니 꼭 용기를 낼 것까지도 없었다. 사람과 사람의 만남이니까, 혼자 가서 자연스럽게 말을 거는 것도 괜찮을 것 같았다.

"선생님 말씀을 들으면 뭐든 할 수 있을 것 같아요."

"그래요? 전 늘 그렇게 생각하며 살았거든요. 예전에 어려운 시절이 많았어요. 그래도 매일같이 생각하죠. 지금은 과정이다. 이겨내기 위해 노력하면 뭐든 못할 것이 없다. 목표를 가지고 힘차게 나가보자. 그리고 머릿속에다 그림을 그려요. 미래의 내가 어떤 모습일지. 구체적으로 그림을 그리면 지금 당장 해야 할 일도 잡히거든요. 어머, 그런데 아까부터 뭐하고 있는 거예요?"

이 주아는 홍 대리가 노트에다 열심히 쓰고 있는 것을 보며 물었다.

"아, 죄송해요. 선생님 말씀을 옮겨 적고 있었어요."

"그렇게 열심히 뭘 쓰고 있는지 궁금해요. 한번 봐도 돼요? 얼마나 정리를 잘 했는지."

홍 대리는 쑥스러워하며 노트를 건넸다.

일본어를 제대로 구사하기 위해서는 그들의 문화와 풍속을 아는 것도 중요하다. 그러기 위해 홍 미래가 해야 할 일.

1. 일본 사이트에 가입해 활동해 본다.
2. 일본인을 만날 수 있는 장소에 가서 말을 걸어본다.

이 주아는 지금 쓴 글뿐만 아니라 그 앞에 정리해 둔 글까지 꼼꼼하게 살펴 읽었다.

"정리를 잘 해두었네요. 1단계부터 5단계까지. 그리고 가끔씩 제가 했던 말들도 다 써두셨나 봐요. 그 자리에선 메모하지 않으셨잖 아요?"

"앞에서 메모하는 게 쑥스러워서요. 그런데 나중에 집에 가서 정 리하려고 하면 생각이 안 나는 것도 있더라고요. 그래서 실례를 무 릅쓰고 그때그때 쓰기로 한 거예요."

"잘 생각하셨어요. 메모하는 습관은 정말 중요하죠. 특히 어학을 공부하는 사람에겐."

"네. 이해해 주셔서 고맙습니다."

"참. 시험 준비는 잘 되어가고 있어요? 다음 주죠?"

"한다고 하고는 있는데……. 결과가 어떻게 나올지는 모르겠어요."

"잘할 거예요. 그렇게 믿어요."

이 주아는 만날 때마다 홍 대리에게 힘을 불어넣어 주었다. 그녀 가 나누어주는 에너지는 가장 즐겁고 활기찬 가르침이기도 했다. 홍 대리는 그녀와 만나게 된 인연에 감사했다.

우직은 시험을 치고 나온 홍 대리를 기다리고 있었다. 그녀는 우 직을 보자마자 달려가서 껴안았다.

"수고했어."

"진짜, 수고했다. 나."

홍 대리는 웃으며 말했다.

"결과는 어떨 것 같아?"

"예감이 좋아. 시간 안에 문제도 다 풀었고, 최선을 다했어."

"다행이다. 그럼 다음 시험도 준비해야겠네."

"그럼요. 여기가 끝은 아니지."

홍 대리는 씩씩하게 말했다.

우직은 홍 대리를 집까지 바래다주었다. 지우와 유식을 만나고 싶기는 했지만 며칠간의 긴장이 풀리자 피곤했던 것이다.

"오늘은 푹 자."

서로 인사를 하고 돌아서는데 우직이 갑자기 생각난 듯 홍 대리를 불렀다.

"잊을 뻔했다."

"뭐?"

"잠깐만 기다려 봐."

우직은 차의 뒷문을 열더니 그 안에서 크고 두툼해 보이는 물건을 꺼냈다.

"이게 뭐야?"

"선물. 오늘 시험 친다고 수고했으니까."

"지금 뜯어봐도 돼?"

"집에 가서 봐."

"알았어. 고마워."

홍 대리는 우직의 뺨에 가볍게 뽀뽀를 해주고는 집으로 들어갔다.

"시험은 잘 쳤니? 어머, 그건 뭐니?"

엄마는 홍 대리가 들고 있는 걸 보더니 물었다.

"선물."

"선물?"

"응. 남자친구가 줬어."

"그 친구 한번 안 데려와?"

"나중에."

"그래라. 그런데, 미래야."

"응?"

"선물은 일본어로 뭐라고 하는 거니?"

"엄마. 진짜, 짱."

"얘가, 뭘 그런 걸 가지고."

"그래도. 배우고자 하는 자세, 좋잖아."

"다음 주에 일본 밤 도깨비 여행 가기로 했잖아. 네 이모랑. 그때 선물용으로 어떤 것이 좋을까요? 물어보려고 그러는 거지."

"プレゼントしようと思うんですけど、どんなのがいいですか。
(선물을 하려는데 어떤 게 좋을까요?)"

홍 대리가 말하자 엄마는 따라 말했다.

"엄만 발음도 좋아."

"그래?"

홍 대리의 칭찬에 엄마는 기분이 좋은지 웃었다. 그리고는 그 말을 몇 번이나 중얼거리며 부엌으로 들어갔다.

방 안으로 들어간 홍 대리는 포장을 뜯었다. 베개로 사용할 수 있는 인형이었다.

편안하게 자는 게 보약이야. 공부도 좋지만 몸도 챙겨.

홍 대리는 쪽지를 읽은 뒤, 그가 선물한 인형을 베고 침대에 누웠다.

"그래. 푹 자자."

일본인 친구를 만들어라

　홍 대리가 시험에 합격했다는 소식은 우직을 통해 지우와 유식에게도 빠르게 전달되었다. 홍 대리가 지우 작업실에 가자 그녀는 토라진 척하며 투덜거렸다.

　"친구보다도 애인이다 이거지? 그 소식을 우직을 통해 들어야겠냐."

　"너한테도 연락했어. 그런데 통화중이었잖아."

　"그럼 다시 연락해야지."

　"피. 내가 왜?"

　홍 대리는 장난스럽게 말하며 웃었다.

　"어쨌든, 슬퍼. 우직에게 친구를 빼앗겨버렸어."

　"하하. 네가 나를 그렇게 사랑해 줄지 몰랐다. 그런데, 우직이랑 유식 씨는?"

"아, 곧 올 거야. 가벼운 축하 파티라도 해야 한다고 슈퍼에 뭐 사러 나갔거든."

"민망하게."

"우직이 극구 주장하잖아. 그러니까, 넌 그냥 모른 척 챙겨주면 받아."

둘이 그렇게 말을 나누는 동안 우직과 유식이 들어섰다. 그들이 든 비닐봉투 안에는 맥주 대여섯 병과 오징어, 쥐포, 백도 같은 안주거리들이 있었다.

그들은 서로의 잔을 채워가며 이야기 꽃을 피웠다. 거의 매일같이 만나는데도 할 말이 끊이지 않았다. 술자리가 점점 무르익어갈 때쯤 홍 대리는 그들에게 할 말이 있다고 했다.

"무슨 말인지 뜸들이지 말고 해."

홍 대리가 우직의 눈치를 자꾸 살피자 지우가 말했다.

"내가 이런 말해도 화 안 낼 거라고 약속하면."

"무슨 말인데 이래?"

"약속부터."

"그래, 알았어."

"우직도."

"말 듣고 나서 약속하면 안 돼?"

"응. 지금 약속해야 해."

우직은 내키지 않았지만 일단 그렇게 하겠다고 했다.

"우리 유식이에겐 약속 안 받아?"

지우가 말했다.

"유식씬 화 안 낼 거니까. 당연히."

"뭔데 그래요? 말해봐요?"

유식이도 궁금했는지 재촉했다. 홍 대리는 우직을 힐끔 본 다음 어렵게 말을 꺼냈다.

"우리 출판사에서 초청한 작가 있잖아. 내가 통역에 지원한 거 알고 있지?"

"응. 다다음 달이지? 아마."

지우가 대답했다.

"그래. 두 달도 채 안 남았어."

"그런데?"

"남은 기간 동안 회화 실력을 확실하게 업그레이드시키고 싶어."

"그러면 되지. 우리랑 스터디도 하고."

"그러는 것도 괜찮은데, 너흰 일본인이 아니잖아. 언어를 익힐 수는 있지만, 일본인의 정서나 문화를 익힐 수는 없어."

"그래서?"

계속 가만히 있던 우직이 조심스럽게 물었다. 홍 대리가 이렇게까지 뜸을 들이는 걸 보면 무슨 폭탄 같은 발언을 할까 걱정이었던 것이다.

"그래서…… 생각해 봤는데…… 앞으로 두 달 동안은 일본인만 만나려고. 여기는 발 끊고."

"뭐? 무슨 말이야? 좀 더 구체적으로 말해."

표정이 굳어버린 우직을 대신해 지우가 물었다.

"매일 저녁 '가케하시'에 갈 생각이야. 그곳에 가면 일본인이 있으니까."

"가면 되지? 그게 무슨 문제야?"

우직이 말했다.

"혼자서. 우직이나 다른 사람이랑 같이 말고."

"아니, 왜?"

"그곳에 오는 일본인들과 친구가 될 거니까. 두 명 이상이 되어버리면, 그쪽에서도 말 걸기 불편하고, 나도 그래. 매일 혼자 가서 혼자 앉아 있는 일본인에게 먼저 말을 걸 거야. 물론 두 명 이상 있어도 그러겠지만."

"그러니까, 네 말은 두 달 동안 그곳에만 갈 거니까, 우리를 만나기 힘들다는 거야?"

"응. 당분간만 그렇게 해줘. 나 통역 완벽하게 하고 싶어. 그러려면 좀 더 시간이 필요하고."

이젠 홍 대리뿐만이 아니라 지우와 유식도 우직의 눈치를 살폈다. 자기들이야 대충 이해하고 넘어갈 수 있는 문제였지만 우직이 어떻게 생각할지 고민이었던 것이다.

우직은 세 사람이 전부 자기만 보고 있다는 것을 의식하며 머리를 긁적였다. 그다지 기분 좋은 얼굴은 아니었다. 한 2분 정도 가만 침묵을 지키더니 그가 겨우 입을 열었다.

"전화 통화는 상관없는 거잖아."

말은 안 했지만 다들 안도하는 표정을 지었다.

"당연하지."

홍 대리가 기쁘게 말했다.

"그런데 뭐 하나 물어봐도 돼?"

우직이 말했다.

"응. 물어봐."

"만약, 내가 반대하면 어떻게 할 생각이었는데?"

작업실 안이 다시 쥐죽은 듯 조용해졌다. 홍 대리는 잠시 고개를 갸웃거리다 말했다.

"그럼, 넌 풀 죽은 배추랑 만나게 되는 거야."

우직과 유식은 홍 대리의 말을 이해하지 못해 이상한 표정을 지었다. 그 속에서 지우가 쿡쿡거리며 웃기 시작했다.

한 시간 전부터 '가케하시'에 앉아 있던 홍 대리는 지금 막 문을 열고 들어서는 사람이 일본인 같다는 확신을 얻었다. 그녀는 관광객이라기보다는 어떤 이유로 한국에서 살고 있는 사람 같았다. 홍 대리는 그녀가 자리에 앉고 5분쯤 지나서 그쪽으로 걸어갔다.

　"あのー、すいません。"(저, 실례합니다.)

　그녀는 놀란 눈으로 홍 대리를 올려다봤다. 홍 대리는 일본어로, 자신은 일본어 공부를 하는 사람인데 일본인과 대화를 하고 싶어 말을 건 것이라고 솔직하게 말했다. 처음 시도하는 것이라 목소리가 조금 떨렸는데, 오히려 그 때문에 그녀의 경계심을 풀 수 있었다.

　그녀는 '연세대 어학당'에서 한국어를 배우고 있는 학생이었다. 자신의 이름을 '유미코'라고 밝히고 합석을 해도 상관없다고 했다.

　홍 대리는 그녀와 대화를 나누는 동안 모르는 단어가 나오면 천천히 말해 달라고 부탁하고 노트에 기입하기도 했다. 그녀는 친절하게도 몇 번이나 반복해서 발음해 주었다.

　30여 분쯤 지나자 그녀와 만나기로 한 사람이 왔다. 그 역시 일본인이었는데, 그녀가 홍 대리에게 헌팅 당했다고 하자 쾌활하게 웃었다.

　처음 몇 분은 어색했지만, 낯선 사람들이랑 대화 나누는 걸 그들

역시 즐기고 있는 듯했다. 결국 마지막에는 서로의 연락처도 주고
받았다.

그날 밤 집에 돌아온 홍 대리는 그들과의 대화에서 이해가 되지
않았던 부분이나 단어를 찾아 공부하기 시작했다. 녹음을 하지 못
해 아쉬웠지만, 그녀가 생각하기에 그건 그들에 대한 예의가 아니
었다.

그들과 대화를 나누며 표정이나 손동작도 유심히 살폈다. 소통은
역시 언어로만 하는 것은 아니었다. 이해가 잘 안 되는 문장이 있어
도 말을 할 때의 표정을 통해 뜻을 파악하기도 했다.

그리고 그 다음날도 홍 대리는 '가케하시'에서 일본인들에게 먼
저 말을 걸었다. 대부분의 사람들은 흔쾌히 응해줬다.

그렇게 한 달을 보내고 나니 이젠 어떤 일본인을 만나도 말을 할
수 있다는 자신감이 생겼다. 물론 유창하게 모든 말을 다 할 수 있
는 건 아니었다. 그러나 적어도 두려워하거나 모른다고 해서 부끄
러워하지 않을 자신은 있었다. 그리고 그러한 태도는 자신이 앞으
로도 더 발전할 수 있는 가능성을 줄 것이라는 것도 알고 있었다.

"잘 되어가?"

우직과는 매일같이 통화를 했다. 그가 이해해 준 만큼 그녀는 다른 부분에서는 그가 섭섭하지 않도록 신경을 썼다. 그가 전화하기 전에 먼저 전화하거나 문자를 받으면 답문자도 바로 보내줬다.

"응. 아직은 별 문제 없어. 내일부터는 명동에 가볼 생각이야."

"길 가는 사람 붙잡고 말 걸려고?"

"설마. 그건 좀 그렇고. 저번에 지우랑 명동 갔을 때 보니까, 가게마다 다 일본어를 사용하더라고. 그만큼 일본 관광객이 많이 온다는 거잖아. 가게에서 물건 고르는 사람들에게 도움을 주면서 말을 걸 수도 있고, 그러다 인연이 되어 차 한잔 할 수도 있는 거고."

"너무 낙천적인 거 아니야?"

"그렇긴 해. 그래도 한 며칠 바람 쏘이는 기분으로 다녀보는 거지."

"이제 한 달 정도만 떨어져 있으면 되나?"

"사실, 그렇게까지 안 가도 될 것 같아."

"진짜?"

"응. 지난 한 달은 일본인들 만나는 재미에 푹 빠졌는데, 지금은 슬슬 그 작가의 책을 원본으로 읽어보려고. 생각해 보니까, 내가 읽은 건 다 한글판이잖아."

"그래? 듣던 중 반가운 소식이다. 독서 삼매경에 빠질 때에는 지우 작업실에서. 알지?"

"응. 한 열흘 뒤에 맛있는 거 사들고 갈게."

262

우직과의 통화를 끝낸 뒤 홍 대리는 인터넷에 들어가 쿠와바라 요시유키의 작품을 구입했다. 원서라 가격이 꽤 셌다. 하지만 홍 대리는 그의 작품을 원서로 읽을 수 있다는 기대감에 부풀어 있었다.

편집장실을 나오자마자 홍 대리는 복도로 나왔다. 우직과 지우, 이 주아와 유성에게 전화를 걸고 싶었다.

쿠와바라 요시유키의 방문은 일주일 후 화요일로 정해졌다. 그로부터 2박3일의 일정 동안 홍 대리가 통역을 맡기로 한 것이다. 사실, 그걸 목표로 공부를 하긴 했지만 현실화되지 못하는 건 아닐까, 그동안 불안해하기도 했다.

편집장은 홍 대리가 일본어 능력시험 1급을 합격하고 JPT 시험에서 800점 이상의 점수를 올렸다는 것을 알고 확실하게 믿는다고 말해주었다.

홍 대리가 전화를 돌리자 다들 축하한다고 말해줬다. 어쨌든 그것을 위해 그녀가 그동안 얼마나 노력을 했는지 잘 알고 있기 때문이었다. 편집실 직원들에게도 일일이 붙잡고 자랑하고 싶은 심정이었다. 통화를 끝내고 자리로 돌아가려던 홍 대리는 복도로 나오는 세련과 마주쳤다.

"홍 대리님. 결국 쿠와바라의 통역을 맡으셨다면서요?"

세련이 먼저 말을 걸었다.

"어, 벌써 소식이 전해졌어요?"

"네. 조금 전에 편집장님이 말씀해 주시더라고요. 축하해요."

"뭐, 이게 축하 받을 일인가요."

"받을 일이죠. 그동안 열심히 하셨잖아요. 그리고 예전에 홍 대리님이 통역하기 어려울 거라고 말했던 거 미안해요."

세련은 진심으로 말하고 있었다. 홍 대리는 그녀에게 웃어주었다. 세련이 그렇게 말해주니 마음이 한결 편했다.

홍 대리는 '독자와의 만남' 이벤트 일정을 짜기 시작했다. 통역뿐만이 아니라 그가 한국에 방문하는 동안의 일정도 홍 대리가 맡기로 했다. 그녀는 작가가 자신의 작품을 낭독하는 것이나 사인회 등에 관해 계획을 짜고 문서에 입력시켰다.

작가가 머물 만한 호텔을 찾는 것도 그다지 어렵지 않았다. 일본인이 좋아할 만한 분위기에다가 회사와도 그리 멀지 않은 곳에 호텔을 예약했다.

이런저런 일을 다 하고 보니 어느덧 저녁 8시를 훨씬 넘겨버렸다.

📱 왜 안 와? 우직이 눈 빠지게 기다리고 있다.

핸드폰에는 언제 왔는지 문자가 들어와 있었다. 홍 대리는 곧 간다고 지우에게 바로 답장을 보냈다.

아직 일주일이나 남아 있었지만 그동안은 잠도 잘 오지 않을 것 같았다. 벌써부터 가슴이 두근거렸고, 생각만 해도 떨렸다.

'정말 그를 가까이에서 보는구나. 게다가 말까지 나눌 수 있다니.'

홍 대리의 입 꼬리가 절로 올라갔다.

"홍 미래. 잘 해보자."

그녀는 기합을 넣어 큰소리로 외쳤다.

"홍 대리. 잘해 보는 건 좋은데, 깜짝 놀랐잖아."

갑자기 사람 목소리가 들려 홍 대리는 뒤를 돌아보았다. 다들 퇴근한 줄 알고 소리를 질렀던 건데, 사무실에는 그녀 말고도 두 사람이나 더 남아 있었다.

상대의 눈을 보고 마음을 전달하라

"선생님. 저와 대화 좀 해줘요."

수화기 저편에서 깔깔거리며 웃는 소리가 들렸다. 홍 대리는 나름 진지하게 말하고 있는데 이 주아는 뭐가 재미있는지 웃느라 정신이 없었다.

"아, 미안해요. 홍 대리님. 대화라면 자주 하고 있잖아요."

홍 대리는 자신이 또 앞뒤 다 자르고 말을 해버렸다는 걸 깨달았다.

"그게 아니라, 사흘 남았잖아요. 선생님께서 마지막으로 제가 하는 일본어를 체크해 주시면 좋겠어요. 제가 유성 선배 카페로 갈게요."

"그래요. 오늘은 수업이 한 시간 일찍 끝나니까, 지금 오시면 될 것 같네요."

"네. 지금 바람같이 달려갈게요."

홍 대리는 가방을 챙겨들고 정말 쏜살같이 사무실을 뛰어나갔다.

유성의 카페에 도착한 시간은 9시였다. 이 주아는 아직 도착하지 않았지만 아이코도 카페에 와 있었다.

"あいこさん、お久しぶりです。"(아이코 상, 오랜만이에요.)

"本当ですね。しょっちゅう来てくだされればよかったのに。"(그러게요, 자주 좀 오시지 그랬어요?)

"私もそうしたかったんですけど、とても遠くて。"(저도 그러고 싶은데 너무 멀어서요.)

"日本語がとても上手になったって聞きましたよ。"(일본어 실력이 많이 향상되었다는 소문은 들었어요.)

"はは。ユソン先輩が言ってるんですか。"(하하. 유성 선배가 그래요?)

"はい。時々イ・ジュア先生も学生たちとここに寄られるんですよ。"(네. 가끔 이 주아 선생님도 학생들이랑 여기 들르시거든요.)

"どうですか。あいこさんがみて、私は上手になったと思いますか。"(어때요? 아이코 상이 보기엔 제 실력이 좀 는 거 같아요?)

"今私たちが自然に会話しているじゃないですか。それに私が話すことでわからないことないですよね。それなら当然上手になったということですよ。というより、かなり流暢ですよ。"(지

금 우리가 자연스럽게 대화하고 있잖아요. 그리고 제가 하는 말 중에 이해 못하는 거 없었죠? 그럼 당연히 는 거죠. 그뿐인가? 꽤 유창한데요.)

"はは。ありがとうございます。"(하하. 고마워요.)

커피를 내리고 있던 유성이 와서는 홍 대리에게 통역 잘하라고 기운을 북돋아주었다. 그녀는 이번 일 끝나고 나면 유성에게 한턱 쏘겠다고 답했다.

"선배 덕분에 제가 용기 있게 공부할 수 있었잖아요."

"그렇게 생각해 주면 고맙고."

그들이 카페의 일을 보기 위해 각자 자리로 돌아간 뒤에도 이 주아는 오지 않았다. 홍 대리는 쿠와바라의 소설책을 펼쳐 읽기 시작했다. 역시 아무리 읽어도 질리지 않았다. 그의 작품은 가벼운 것 같으면서도 철학적이었다. 그래서 그의 책을 다 해독할 수 없는 부분도 있었다.

드라마나 뉴스를 통해 배운 문장들은 반복되는 경우가 많았다. 드라마는 대체로 일상적인 말이 많이 나오다 보니 반복해서 보다 보면 어려운 부분이 없었다. 뉴스 같은 경우에는 처음엔 어렵게 느껴졌다. 드라마에 나오는 것처럼 일상적인 언어가 아니기 때문이다. 그러나 그것도 역시, 각종 사건 사고, 스포츠, 주식, 정치 등 내용이 제한적이어서 몇 개월 하다 보니 곧 익숙해졌다.

그렇게 공부를 하니 일상적인 대화에는 무리가 없었지만 좀 더 깊은 대화로 들어가면 어휘 실력이 많이 딸렸다. 철학 서적이나 사회학 서적은커녕 소설책도 조금만 어려워지면 읽기 힘들었다.

그걸 극복하기 위해서는 좀 더 오랫동안 끈질기게 공부할 필요가 있었다. 물론 내일모레 있을 통역에는 별 무리가 없겠지만, 쿠와바라의 소설을 읽을 때 해독이 안 되는 문장이 나오면 갑갑했다. 마치 그 때문에 통역을 잘 못할 것처럼.

"미안. 늦었죠."

"아뇨. 괜찮아요. 선생님. 저 많이 떨려요."

"하하. 너무 걱정하지 말아요. 지금까지 한 대로 하면 되잖아요. 그리고 정말 잘하고 있고요."

"그럴까요? 그런데 만약, 말하는 도중에 단어가 기억나지 않거나 하면 어떡해요?"

"기억이 안 나면 그 단어는 버려요."

"그럼 말을 못하잖아요."

"그렇지 않아요. 이를테면, おば(고모)라는 일본어가 있어요. 그런데 그게 잘 생각이 나지 않는 거죠. 그럼 おば(고모)를 꼭 고집할 필요가 없어요. 父の妹(아버지의 여동생)라고 하면 되는 거잖아요. 그러니까, 단어가 생각나지 않더라도 당황하지 말아요. 무언가를 표현할 때에는 여러 방법이 있는 거니까. 그렇게 생각하면 마음이 훨씬 편안해질 거예요."

"선생님. 정말, 선생님은 어떻게 이렇게 가려운 부분을 잘 알고 긁어주세요?"

"하하. 경험이죠. 많은 학생들을 봐왔잖아요. 당연히 뭐가 문제인지, 어떤 걸 걱정하는지 알 수밖에요."

"선생님 말씀 들으니 좀 진정이 되네요. 생각이 안 나서 말문이 막힐까 봐 걱정돼 죽는 줄 알았어요. 꼭 그 단어가 아니어도 표현할 수 있는 걸 찾아 표현하면 된다는 거잖아요. 그렇게 생각하니 편안해졌어요."

"늘 말했잖아요. 언어는 자신감하고도 직결돼요. 좀 못하더라도 자신감 있게. 그리고 상대의 말을 귀담아듣고 있다는 마음이 전달되면 되는 거예요. 아무리 말을 잘하는 사람이라도 상대의 말을 제대로 듣는 자세가 되어 있지 않으면 아무것도 이해할 수 없을 거예요.

그 작가의 눈을 보고, 정확한 발음으로 말하세요. 알겠죠? 너무 걱정하지 마시고요."

"네. 이번 일 끝나고 보고 드릴게요."

"당연히 그래야죠."

홍 대리는 통역을 하기 전에 이 주아를 만나기를 잘했다는 생각을 했다. 역시 그녀는 홍 대리에게 정말 좋은 선생님이었다.

홍 대리는 이제 내일이면 쿠와바라를 만날 수 있다.

사무실은 평소와 다르지 않은 분위기였다. 쿠와바라의 방문 준비를 하느라 여느 때보다 분주할 뿐이었다. 그러나 홍 대리에게는 크리스마스 이브 같은 날이었다. 그와의 만남을 준비하는 데에는 오랜 시간이 걸렸다. 그 시간 동안 홍 대리는 정말 열심히 일본어 공부를 했다.

무언가를 위해 이토록 열심히 시간을 보냈던 건 처음 있는 일이었다. 그리고 그렇게 보낸 시간은 그녀에게 굉장한 만족감을 주었다.

그리고 어느새 쿠와바라의 통역을 맡은 일은 첫 관문을 통과하는 일이 되어버렸다. 처음엔 멀게만 보인 목표였다. 그 목표를 이루고 나면 또 다른 목표를 위해 시간을 보낼 것이다. 그렇게 하나씩 목표를 달성하며 시간을 보내다 보면 어느 날엔가는 더 큰 목표에 가까이 다가갈 수도 있을 것이다.

모든 일을 끝내고 사무실을 나선 홍 대리는 지우의 작업실에 잠깐 들렀다. 일본어의 감을 조금이라도 놓치지 않기 위해 우직과 지우, 유식과 한 시간 정도 대화를 하고 가기로 한 것이다.

그들은 지우 작업실에 모여 있었다. 홍 대리가 문을 열고 들어서자 차분하게 반겨주었다.

“どう？ 気分(きぶん)は？”(어때? 기분은?)

지우가 물었다.

“いいよ。”(좋아.)

“三日間(みっかかん)ずっと緊張(きんちょう)してなきゃね。ご飯(はん)ちゃんと食(た)べて。”(2박 3일은 긴장하고 있어야겠네? 그동안 밥 잘 챙겨 먹어.)

우직은 홍 대리를 걱정스러운 눈으로 바라봤다.

“まったく、どっか遠(とお)くに行(い)くわけじゃないのに。”(참 내. 별스럽기는. 어디 멀리 여행 가는 것도 아닌데.)

지우가 웃었다. 그러든 말든 홍 대리는 우직의 귀에다 대고 속삭였다.

“ウジックさんも”(자기도.)

“全部(ぜんぶ)聞(き)こえてるよ。”(다 들리거든.)

지우가 홍 대리의 머리를 가볍게 쳤다.

“まあ、とにかく、おかげでここまで来(こ)られた。明日(あした)から3日間(みっかかん)会(あ)えなくても泣(な)かないで健闘(けんとう)を祈(いの)って。”(뭐, 어쨌든. 당신들 덕택에 여기까지 왔다. 내일부터 3일간 나 못 보더라도 울지 말고 건투를 빌어줘.)

“わかった。がんばって。”(알았어. 잘해.)

셋이 한 마디씩 해주었다. 홍 대리는 고맙다고 말하고 나서 한국어로 말했다.

“이번 일 끝나고 나면 나도 스터디 참여해도 될까?”

그들이 당연히 괜찮다고 할 것을 알면서도 홍 대리는 짐짓 긴장된 표정으로 둘러봤다.

"이번엔 뭘 목표로 공부할 건데?"

지우가 장난스럽게 물었다.

"번역. 출판사에서 낼 일본 작가의 책을 내가 직접 번역하는 거지."

번쩍 눈을 뜬 홍 대리는 벌떡 일어나 앉았다. 오늘은 쿠와바라의 입국이 있는 날이었다.

그녀는 샤워를 하고 나와 세련된 디자인이지만 차분한 색의 정장을 입었다. 그리고 머리를 한 갈래로 묶었다.

그녀가 보기에도 예쁘고 당당한 모습이었다. 예전에 거울만 보면 '못난이'라고 생각했던 게 꿈 속의 일처럼 멀게만 느껴졌다. 문자 알림벨 소리가 들리자 홍 대리는 핸드폰을 들었다.

📱 미래야. 파이팅.

우직이었다. 그를 생각하니 자연스럽게 입가에 미소가 번졌다.

📱 고마워.

홍 대리는 문자를 보낸 다음 거실로 나갔다.

아침상을 다 차려놓았다고 부엌에서 엄마가 홍 대리를 불렀다.

홍 대리가 부엌으로 들어서자 엄마는 싱긋 웃으며 말했다.

"딸. 열심히 한 보람이 있구나."

"엄마 덕분이지."

그렇게 말하다 말고 홍 대리도 괜히 멋쩍게 웃었다. 생각해 보니 "당신 덕분에"라고 말해줄 사람이 많았다. 이 주아나 유성, 지우와 우직이 아니었으면 이렇게까지 잘해내지는 못할 거라는 생각이 들었다. 고마운 마음이 드는 사람이 많다는 게 행복했다.

사무실에는 오후 1시까지만 있었다. 비행기 도착 시간이 오후 3시라 공항에 나가야 했기 때문이었다. 편집장과 함께 공항으로 나간 홍 대리는 입국장에서 그를 기다렸다.

오후 3시30분이 되었을 때 입국장의 문이 열렸다. 그리고 카트에 짐을 실어 밀고 나오는 사람들이 쏟아졌다. 그렇게 또 몇 분을 기다리자 쿠와바라가 보였다. 그는 멋들어진 베레모를 눌러 쓰고 일행 한 명과 걸어나왔다.

홍 대리는 가볍게 숨을 들이쉬고 쿠와바라 쪽으로 향했다. 편집장이 인사와 환영의 뜻을 표하는 것을 통역해 주고 그들은 호텔로

가기 위해 준비해 간 자동차에 몸을 실었다.

일정은 빡빡했다. 2박3일 동안 서울 안내는 물론이고 출판기념회, 독자와의 만남, 강연회가 진행되는 동안 홍 대리의 모든 정신은 쿠와바라가 편안하게 소통을 할 수 있는 데에만 가 있었다.

홍 대리는 그의 말을 들을 때나, 그가 말을 할 때에도 눈을 마주치는 것을 잊지 않았다. 귀로는 그의 말을 듣고, 눈으로는 그가 무슨 말을 하고 싶어 하는지 세심하게 살폈다.

그렇게 3일을 보내고 쿠와바라가 출국을 하는 날이었다.

"日本語本当にお上手ですね。それに私の本を全部お読みになったなんて驚きました。おかげさまで無事に仕事も終えて、楽しく過ごすことができました。ありがとうございました。"(일본어를 정말 잘 하시는군요. 더군다나 제 책을 다 읽으셨다니 놀랍습니다. 홍 대리님 덕분에 편안하게 보내고 갑니다. 고맙습니다.)

"いえいえ。私も先生のおかげでとても充実した時間を過ごせたと思います。次また韓国にいらっしゃったらご連絡ください。喜んで通訳させていただきます。"(별 말씀을요. 저도 선생님 덕분에 몹시 행복한 시간을 보냈는걸요. 다음에도 한국에 방문하시면 연락 주세요. 기꺼

이 선생님의 통역이 되어 드리겠습니다.)

공항까지 따라나선 홍 대리는 모든 일이 마무리될 때쯤 진심을 다해 인사를 했다. 쿠와바라는 흡족해하며 출국장으로 들어섰다.

혼자 남은 홍 대리는 갑자기 온몸에 힘이 풀려 걸을 수가 없었다. 공항 홀에 있는 의자에 앉아 잠시 눈을 감았다.

지난 15개월 동안 일본어를 공부하기 위해 고군분투한 게 생각이 났다. 매 단계를 뛰어넘을 때마다 즐거운 적도 있었지만 힘든 적도 있었다.

그러나 그 단계를 하나씩 뛰어넘는 것보다 더 중요한 것을 홍 대리는 배웠다.

무조건 암기하기보다는 문맥을 파악해 추리하는 방법이었다. 문맥을 파악하기 위해서는 말하는 사람의 의도를 이해하고자 하는 배려심이 필요했다. 그리고 말을 잘 한다는 건 그 나라의 문화까지도 이해한다는 걸 뜻함을 알게 되었다.

그건 비단 언어에만 활용되는 것은 아니었다. 그것은 소통이었고, 앎이었다. 가족과의 관계에서도, 사회생활에서도 필요한 미덕이었다.

홍 대리는 문득, 자신이 한 단계 업그레이드가 된 느낌이 들었다.

'일본어 나이 스무 살을 넘어선 거야. 성인이 되었으니 더 성숙해져야겠지.'

홍 대리는 빙긋 웃었다. 그리고 가슴 깊은 곳에 자신감이 묵직하게 자리 잡고 있는 것을 느낄 수 있었다.

"次は日本の本を原書でたくさん読んでおくこと。出版するだけの価値があるかどうかまず検討したほうがいい。日本の本と言ったら、このホン・ミレが思い浮かぶぐらい。頑張ってやってみよう。(다음은 일본어 원서를 자유자재로 읽는 걸 목표로 해야지. 출판할 만한 책인지 아닌지 원서로 먼저 검토할 수 있다면 좋을 거야. 일본어 책 하면 이 홍 미래가 떠오를 정도로 멋지게 해보자.)"

공항에서 빠져나와 출판사가 있는 사무실로 들어서자 편집장이 호출했다. 쿠와바라가 출국한 뒤에 전화로 간단하게 보고를 했지만 홍 대리는 다시 한 번 자세한 이야기를 해주었다.

"정말 잘해주었어요. 그렇게까지 일본어를 잘할 거라고는 생각 못 했는데. 실수 한 번 하지 않고 해내서 얼마나 뿌듯했는지 몰라요."

편집장은 싱긋 웃으며 말했다.

"고맙습니다."

홍 대리가 편집장실에서 나오자 사무실에 있던 몇몇 동료들이 그녀에게 다가와 지난 며칠 동안 통역을 맡은 일에 대해 수고했다며 어떻게 그렇게 잘 하냐고 부러운 듯 물었다.

"정말 궁금하시면 가르쳐 드릴게요. 좋은 선생님에게 배운 학습법을 제가 잘 메모해 두었거든요."

홍 대리는 당당하지만 교만하지 않게 말하며 활짝 웃었다.

| 5단계 미션 |

일본 사이트에 가입해서 활동하기

5단계에서는 일본 문화를 접하기 위한 노력을 해야 한다. 일본 문화를 알려면 꼭 일본으로 건너가 살아봐야 하는 걸까? 당연히, 아니다. 세계를 가깝게 묶어주는 인터넷 시대이지 않은가.

일본인과의 펜팔 사이트를 이용해 보길 권한다.

www.gojapan.com

내 학생들도 많이 신세진 사이트다.

우선 이 사이트를 이용하는 일본인들은 일본에 살고 있는 사람들도 많지만, 현재 한국 땅에 살고 있는 일본인들도 많이 있다. 한국에 살고 있는 사람이라면 만날 수도 있기 때문에 금상첨화.

원래 인간관계란 것이 국적을 불문하고 서로 마음이 맞아야 한다. 어떤 학생은 이런다. "선생님, 일본 사람들 영 아닌 것 같아요. 문화가 달라서 그런지 힘드네요." 뭔 말이야? 한국 사람끼리도 마음이 맞네 안 맞네, 아웅다웅하면서. 회사 동료는 어쩌고 저쩌고, 시댁 식구들 어쩌고 저쩌고, 회사도 시댁도 아니니 얼마든지 마음 맞는 사람을 찾으면 된다. 그러나 그 이전에 당신이 먼저 어른이 되어라. 상대를 배려하고, 이해하고, 감사하고, 따뜻하게 대하라. 준비됐나? 오케이?

아직 회화가 안 되는 사람들은 메일로 연습하라. 채팅처럼 스피드를 요구하지 않고, 생각하고 쓸 여유가 있으니까. 좀 친해지면 만나서 얘기도 해보라. 쓰는 것도 자유로워지면 채팅도 즐겨보자.

일본어 천재를 만드는
15개월 간의 공부 스케줄

부록

글자부터 배우는 왕초보

1. 첫째 날

교재 선택

① 반드시 CD가 있는 교재로 선택하라.

그 이유는 발음 때문이다. 상대적으로 부담이 적은 일본어라도 발음은 중요하다. 외국어를 처음 시작했다면 당연히 발음부터 잡아야 한다.

단음과 장음 – 趣味(しゅみ : 취미), 臭味(しゅうみ : 역겨운 냄새)

촉음의 유무 – あっさり(간단히, 담백하게), あさり(모시조개)

탁음(˚)의 유무 – 機械(きかい : 기계), 議会(ぎかい : 의회)

위 예문에서 보는 바와 같이 발음에 따라 뜻이 완전히 달라지므로, 시작 단계부터 발음에 주의하자.

② 그림책으로 되어 있고 각 챕터마다 내용이 적고 얇은 책을 골라라.

처음 시작하는 당신은 의욕이 넘칠 것이다. 넘치는 의욕에도 불구하고 교재가 두껍고 빡빡하면 작심삼일, 의욕상실이 수순으로 다가온다. 남의 일이 아니다. 공부, 학습. 이런 딱딱한 표현들은 집어치우자. 놀이처럼, 서두르지 말고 즐기자. 그래서 교재도 만화나 그림책처럼, 글자를 몰라도 그림으로 내용 파악이 가능할 정도로 내용이 단순하고 널널해야 한다. 그리고 해설은 뒷장에 있거나 부록에 있어야 한다.

놀이 방법

일본어에는 히라가나(あいうえお……) 카타카나(アイウエオ……) 각각 50자씩 있으나, 반복되는 글자가 있어 정확하게는 46자씩이다. 카타카나는 외래어에 주로 쓰인다. 그러나 처음부터 히라가나, 카타카나를 외우고 나서 본격적으로 일본어를 시작하겠다는 고정관념부터 버리자.

우리 딸은 일본에서 태어나 4살까지 일본에서 자랐다. 지금은 많이 까먹었지만, 4살 때까지는 일본어밖에 할 줄 몰랐다. 물론 읽을 줄도 쓸 줄도 몰랐다. 히라가나, 카타카나의 존재조차 몰랐다. 교육을 전혀 받지 못했기 때문에 읽기도 쓰기도 전혀 못하는 사람들도 모국어를 구사하는 데는 전혀 문제가 없지 않은가? 그럼에도 불구하고 우리는 외국어를 배울 때 쓰기 읽기부터 배운다. 중고등학교 시절을 돌이켜봐도 읽기 쓰기만 죽어라 했지, 말하기는 배운 기억이 없다.

일상회화란, 그 나라 사람이라면 어린애도, 교육을 받지 못한 사람도 누구나 무리 없이 구사할 수 있다. 일상회화에 쓰이는 단어가 한정되어 있고, 반복되기 때문이다. 속는 셈 치고, 8개월에서 1년 정도 하고 싶은 말이 있어도 꾸욱 참고 이 책에서 시키는 대로 따라해 보자. 안타깝게도 히라가나, 카타카나를 외우는 단계에서 포기하는 사람도 적지 않다. 아이들이 모국어를 배우듯, 그렇게 순수하게 시작하자.

1분 먼저 가려다 10년 먼저 간다는 교통 캠페인도 있지만, 어학은 빨리 가려다 포기하게 된다. 말이 많은 것과 제대로 하는 것은 다르다. 콩글리쉬로 영어 하던 버릇 그대로 코페니스를 향해 열심히 달렸던 사람들, 아무리 시간이 흘러도 만년초급을 벗어나지 못하고, 회화하기 전에 능력시험과 JPT부터 공부한 사람들, 능력시험 1급·2급을 취득하고도 영 회화가 안 되어 슬럼프에 빠진다.

모국어를 배우는 아이들을 떠올려보라. 단어와 어휘를 3천~4천자 먼저 외우고 나서 말하기를 시작하는가? 아니다. '엄마' 하나를 배우면 '엄마' 하나만 반복해 말한다. 또 '아빠'를 배우면 '엄마' '아빠'만 반복한다. 항상 새로운 한 개와 지금까지 알고 있는 것만을 반복해서 말할 뿐이다.

모국어를 배우는 어린 아이처럼 반복하다 보면 1년 안에 일상회화를 자연스럽게 구사하는 나 자신을 보며 스스로 놀라게 될 것이다.

그럼 1단계 출발!

우선 교재 1과를 보자. 그림이 있고, 알 수 없는 일본 글자들이 보이는가? 놀이는 틀려도 재미있는 법. 도대체 이 그림은 무엇을 그려놓은 걸까? 나름대로 상상의 날개를 펼쳐보자. 지식과 상식 없이 미술관의 그림을 바라보듯. 처음부터 추리를 연습해야 하는 이유는 뭘까? 우리말에도 갑자기 나타났다 사라지는 유행어가 있고, 선생님을 '쌤'이라고 줄여서 말하듯이, 일본어에는 생략형이 너무도 많다. 게다가 사투리, 음식 이름, 지명, 사전에 없는 말들이 너무도 많기 때문에 사전만 의지해 공부하는 사람들은 드라마, 애니메이션, 일본 사람들과 직접 부딪혔을 때 절망하거나 좌절한다. 하루아침에 추리의 달인은 될 수 없는 법. 그러나 세상만사 모든 일은 연습과 노력에 의해 가능한 법이다. 자~ 이러한 이유로 추리는 피해갈 수 없는 길. 시작해 보자.

교재 1과의 첫 그림을 보니 인사하는 장면이다. 아침 해가 떠 있는 것을 보니 아무래도 아침인사 같다. 무슨 뜻인지 추리를 해봤으니, 다음은 CD로 발음을 들어보자. 내 귀에 '오하요고자이마스'로 들린다. 만화 첫 컷의 글자「おはようございます」를 교재 맨 앞, 히라가나 부분에서 확인해 보자. 처음에는 글자가 어디에 숨어 있는지 찾기도 힘들 것이다. 그러나 이 세상에 존재하는 모든 게임처럼 서서히 룰이 보이기 시작하고 찾는 속도가 점점 빨라짐을 스스로 느낄 것이다. 초조해하지 말고 퍼즐을 맞추듯 놀아보자.

お(오)は(하)よ(요)う(우)ご(고)ざ(자)い(이)ま(마)す(스). 귀로 들을 때는 안 들렸는데, 글자로 쓸 때는 う(우)가 튀어나왔다. 사실 이런 부분은 장음, 즉, '요'를 '요-', 한 글자 더 있는 것처럼 발음하는 것이다. 그러나 우리 딸이 아무것도 모르고 일본어를 배웠듯이 이론 따위에는 신경 쓰지 말자. 들리는 대로 발음하고 써 있는 대로 쓰면 된다.

「おはようございます」(오하요-고자이마스)는, 한국어「안녕하세요?」처럼 아주 자연스럽게 입에서 나올 때까지 연습한다. 내친 김에 하나 더 해볼까?

두 번째 그림은 해님이 중천에 떠 있고 인사를 하는 것이 점심인사 같다. 추리를 했으니 CD로 듣는 순서다. 반복해서 들어도 '콘니치와'로 들린다. 그림속의 일본 글자는 「こんにちは」라고 쓰여 있다. 다시 맨 앞장 히라가나 부분에서 퍼즐 맞추듯 한 자 한 자 찾아낸다. 「こ(코)ん(웅)に(니)ち(치)は(하)」 이상하네. CD로 들을 땐 '콘니치와'로 들리는데 쓸 때는 '코웅니치하'. 그러나 그림책으로 공부하는 3개월 동안 문법은 무시하자. 아이들이 모국어를 배울 때처럼 순수하게 받아들이면 된다. 들리는 대로 발음하고, 써 있는 대로 쓰면 된다.

사실 말이 나와서 얘긴데 세상에는 예외가 무척 많다. 그래서 문법을 먼저 익힌 사람들은 이 예외란 놈을 인정하지 못한다. 자기 발에 족쇄를 채우듯, 문법에서 이렇게 배웠는데 왜 다르냐고 따진다. 예외란 예외이기에 지금까지의 공식으로는 설명이 불가능한 것이다. 예외는 무조건 외워야 한다.

세 번째 그림도 마찬가지다. '콤방와'로 들리는데 쓸 때는 다르다. 이것도 예외인가 보다. 틀리지 않도록 더 각별히 쓰기와 발음을 연습하자. 겨우 세 개째인데 착각인가? 게임의 룰이 보이는 듯하다. 왠지 세 개밖에 안 했는데도 무척 많은 것을 공부한 느낌이다. 오늘은 이 정도로 충분하다는 생각이 든다. 하루밖에 안 했는데도 일본어라는 소리 그릇에 세 개를 저축했다.

되도록이면 홍 대리처럼 작은 포켓용 수첩을 준비하자. 소리그릇에 저축한 「おはようございます」(오하요-고자이마스, 아침인사)와 「こんにちは」(콘니치와, 점심인사) 그리고 「こんばんは」(콤방와, 저녁인사)를 은행 통장에 기입하듯 포켓용 수첩에 메모하자.

그런 다음 머릿속에 그림을 떠올리며 수시로 입으로 토해내서 발음해 보자. 한국말처럼 자연스럽게 입에서 나오면, 다음은 친구든 가족이든 직장 동료든 강아지든 대화의 상대라 생각하고, 자연스럽게 익힌 것을 일본어로 얘기해 보자. 상대가 일본어를 아느냐 모르느냐는 전혀 상관이 없다. 단지 울렁증을 극복하는 훈련이므로. 상대 없이 혼자 연습한 사람은 혼자서 할 때는 마치 본인이 일본어 천재라도 된 양 줄줄 나온다고 착각하지만, 막상 누군가 앞에서 하려고 하면 머릿속은 하얗고 입은 안 떨어지고 쑥스럽기가 말로 표현할 수가 없다. 다시 한 번 강조하지만 상대가 일본어를 몰라도 전혀 상관없다. 쑥스러움을 극복하자. 이것이 첫 번째 관문이다.

2. 둘째 날

과감히 버릴 수 있는 용기

첫날 1과에서 아침, 점심, 저녁인사 세 개밖에 안 익혔으니 아직도 익혀야 할 1과 내용은 많이 남아 있다. 그러나 우리는 나머지는 과감히 버리고 2과로 넘어가자. 한 과를 끝냈으니 뿌듯하지 않은가? 소설처럼 스토리가 이어지는 것도 아니고, 앞장의 문법을 알아야 다음 장을 알 수 있다는 문법 알레르기도 없고, 미련 없이 막 가자. 바쁜 날도 있을 것이며, 하기 싫은 날도 있을 것이다. 그런데도 한 과 한 과를 완벽하게 하려고 하다 보면, 어떤 때는 한 과를 이틀, 일주일 아니 한 달이 되어도 못 끝내는 일도 있을 것이다. 그렇게 되면 무기력증과 슬럼프, 결국은 '포기'라는 단어 앞에 무릎을 꿇게 될 것이다. 지금 이 책을 읽고 있는 당신도 혹시 경험자? 도중에 포기하지 않고 끝까지 갈 수 있는 우리들만의 목표를 세우자.

① 매일 새로운 과로 넘어갈 것.
② 단 한 줄이라도 좋다. 반드시 새로운 것을 익히자.
③ 포켓용 수첩에 저축한 일본어를 수시로 끄집어내 다른 사람 앞에서 자랑하며 입으로 내뱉을 것.

우리가 낮에 무슨 일이 있더라도 밤이 되면 잠을 자듯, 매일 매일 복습과 동시에 새로운 것을 익히는 습관을 들이자는 것이다. 극단적인가? 그래서 누구라도 어떤 상황이라도 지킬 수 있도록 "단 한 줄이라도"라고 단서를 붙인 것이다. 1단계 3개월 과정은 많이 하는 양의 단계가 아니라 제대로 된 좋은 습관을 들이는 질이 중요한 단계이다.

오늘은 이틀째. 1과의 남은 부분을 과감히 버리고 2과로 넘어가라. 누누이 당부하지만 단어 설명이나 문법에는 관심도 두지 마라. 무조건 본문으로 눈을 돌리자.

첫 번째 그림을 보니 아빠와 남자아이가 현관을 막 들어와 슈트케이스를 바닥에 놓고 아빠가 남자아이의 어깨에 팔을 두르고, 무언가 말을 하고 있는 것 같다. 현관 안쪽에 서 있는 여자아이가 둘을 맞이하는 그림이다. 홈스테이를 하게 될 아들을 소개시키는 장면인가? 아무튼 그 정도로 추리를 해 보고 CD를 들어보자.

아들이 "하지메마시떼. 와따시와 한데스. 도우조 요로시꾸."라고 말한다. 1과보다 좀 문장이 긴 듯해 어렵게 느껴진다. 그래도 이 어렵고 긴 문장들이 나열된 2과를 다해야 한다는 압박감은 없어 그나마 숨통이 트인다. 단 한 줄이라도 괜찮다잖아. 하는 데까지 최선을 다하자.

맨 앞장 히라가나 있는 페이지로 돌아가서 글자 한 자 한 자를 확인하자. は(하)じ(지)め(메)ま(마)し(시)て(떼). わ(와)た(타)し(시)は(하) ハ(하)ン(웅)で(데)す(스). ど(도)う(우)ぞ(조) よ(요)ろ(로)し(시)く(꾸). 무슨 뜻인지 궁금해서 서둘러 해설을 확인했다. "처음 뵙겠습니다. 저는 한입니다. 잘 부탁합니다." 아주 자연스럽게 말하고 쓸 수 있게 연습하자.

자연스럽게 될 때까지 소리 내어 말하고 쓰는 연습까지 하다 보니 이틀째는 이것밖에 못했다. 내일 회사 가서 동료들한테 써먹어야겠다. 오늘 것도 당장 포켓용 수첩에 기입해야지.

그런데 여자아이가 뭐라고 했는지 궁금해서 견딜 수가 없다. 에잇, 한 개만 더 하자. '저는 ~입니다. 저도 잘 부탁합니다.'이겠지? 라고 추리를 하고, CD를 들어보았다. "소라데스. 코치라코소 요로시꾸."라고 들린다. 다음은 맨앞 히라가나 부분으로 돌아가서 글자 확인. 이제 어느 정도 순서도 몸에 익은 듯하다. そ(소)ら(라)で(데)す(스). こ(코)ち(치)ら(라)こ(코)そ(소) よ(요)ろ(로)し(시)く(꾸). 무슨 뜻인지 얼른 확인. 맞았다. 왠지 진짜 기분이 좋다. "소라입니다. 저야말로 잘 부탁드립니다."

CD를 들으며 자연스럽게 입으로 나올 때까지 소리 내어 연습하고 열심히 써보았다. 포켓용 수첩에도 통장에 기입하듯 기입했다.

익힌 만큼 써먹기

통장에 돈이 쌓이듯, 일본어 소리그릇에 쌓여가는 일본어를 한눈에 볼 수 있어, 왠지 기쁘다. 죽어라 연습한 것을 가족들한테 써먹었다. 엄마는 무슨 소린지 전혀 모르겠지만 "일본 사람 같다."며 기를 세워주시는데, 망할 놈의 동생 자식이 내가 아직 익히지도 않은 "사랑합니다, 해봐."라든지, "비 올 것 같아, 는 일본어로 뭐라고 하는데?"라고 약을 올리며 의욕을 팍팍 꺾어놓는다. 다음날 회사에서도 같은 반응이었다. 기를 세워주는 쪽과 의욕을 팍팍 꺾어버리는 쪽. 타인의 말 한마디에 내 소중한 인생을 내맡기지 말자. 아직 익히지 않은 것을 모르는 것은 지극히 당연한 일이 아닌가? 내가 익힌 만큼 말할 수 있으면 되고, 내가 익힌 만큼 들을 수 있으면 그만이다.

학원 수업에서도 마찬가지다. 내 스크린 수업은 입문, 초급, 중급, 스크린 한자, 상급, 이렇게 5단계 과정이 있다. 내가 초창기 강사 시절, 초급을 끝내고 이제 막 중급에 올라간 학생들은 첫날, 대부분 완전 자신감 결여로 의욕 상실증에 빠져버리기 일쑤였다. 중급반 기존 학생들이 너무 잘해서, 나는 이 수업을 도저히 따라갈 수 없다고 자가진단 해버리는 것이다. 현재는 중급에 올리기 전에 초급반에서 충분히 이해시키고 올리기 때문에, 좌절하거나 슬럼프에 빠지는 학생은 없다.

어느 회사의 한 신입사원이 입사해서 프로처럼 일할 수 있게 되기까지는 수많은 시행착오를 겪어야 하듯, 잘할 수 있을 때까지 노력하며 인내하는 사람만이 프로의 길을 걸을 수 있다.

회사에서도 20, 30대에는 그럭저럭 살아갈지 몰라도 노력하고 인내하지 않으면 혹독한 40대가 기다리고 있듯, 언어도 어영부영 대충 생각 없이 세월만 보낸 사람들은 돈과 시간만 좀먹는다. 일상회화를 모국어처럼 자연스럽게 토해내기 위해서는, 어휘와 감각이 쌓일 때까지 포켓용 수첩에 기입하고 자연스럽게 말할 수 있게 되기까지 수도 없이 연습해야 한다. 어느 정도 소리그릇이 만들어지면 단어를 몰라도 들을 수 있고 말할 수 있게 되는 노하우가 생긴다. 3단계에서는 가능하다.

3. 셋째 날

3일째도 역시 2과의 남은 부분을 과감히 버리고 3과로 넘어가자.

첫 번째 그림을 보니 남자아이와 여자아이가 키모노를 손가락으로 가리키며 무언가 짧게 대화하는 장면이다. 우선 추리를 해야겠지? 내 생각에는 '키모노를 입어본 적이 있습니까?'일 것 같은데, 잘 모르겠다. CD를 들어보니 "소라상 코레와 난데스까"라고 말한다. 앞장의 히라가나 페이지로 돌아가서 글자를 확인했다. そ(소)ら(라)さ(사)ん(웅)。こ(코)れ(레)は(하)な(나)ん(웅)で(데)す(스)か(까)。 예외가 참 많은 것 같다. 들리는 대로 발음하고 써 있는 대로 무조건 써보자. 이번에는 추리가 맞았는지 일단 확인하는 순서다. 뒤쪽 해설 편을 보니 "소라 씨, 이것은 무엇입니까?"라는 뜻이었다. 오버해서 추리했다.

지금 단계에서는 추리한 것을 100퍼센트 맞추는 것이 목적이 아니라, 추리를 즐기고 습관화해 가는 단계라는 것을 명심하자. 그러므로 추리가 빗나가도 실망하지 말자. 이쯤에서 눈치가 특단인 사람은 벌써 눈치를 챘

을 수도 있다. '나는' '이것은'처럼 '~는, ~은'이라는 뜻으로 쓰일 때는 'は'를 '하'라고 발음하지 않고 '와'라고 발음하는구나.

그리고, 'ん'도 'こんにちは'(콘니치와)는 '코'자 밑으로 와서 '콘'으로 발음을 하고, 'そらさん'(소라상)일때는 '사'자 밑으로 와서 '상'으로 발음하는 구나.

아직 눈치를 못 챘어도 결코 실망하지 말자. 우리는 보통 사람이니까. 열심히 연습장에 써보고 입으로도 자연스럽게 나올 때까지 연습한다.

하나 더. 아까 남자아이가 무엇이냐고 물었으니까, 대답은 당연히 '그것은 키모노입니다.'이겠지. 이번 추리는 확실하다. CD를 들어보니 "소레와 키모노데스"라고 들린다. 그럼 옆에 「それは きものです。」라고 써 있다. 히라가나 페이지에서 확인하지 않아도 '소레와 ~데스'를 쓸 수 있게 되었다. 'そらさん'의 'そ', 'これ'의 'れ', 'なんですか'의 'です'. 진짜 뛸 듯이 기쁘다. 마구마구 늘어가는 기분이다. 히라가나 페이지에서 きもの만 확인했다. き(키)も(모)の(노). 뜻을 확인하니 빙고였다. 연습장에 완벽하게 쓰는 연습과 자연스럽게 입에서 나올 때까지 발음도 연습했다. 다음은 포켓용 수첩에 첫날부터 오늘까지 배운 것을 모두 적어보았다.

4. 넷째 날부터 그후 한 달

아는 게 생기면 집에서도 회사에서도 기회만 있으면 사람들 앞에서 장면을 연상해 가며 마구마구 연습했다. 첫날은 반응도 가지가지였는데 시간이 갈수록 다들 그러려니 했다. 엄마는 몇 개 외워버렸는지 일본어로 가끔 응수해 준다. 엄마는 관심이 있어 보인다. 단 한 줄이라도 매일매일 꾸준히 해서 이제 8과째다.

첫 그림은 과일가게 딸기 앞에서 소라와 한이 대화를 주고받는 장면이다. 먼저 추리를 해봐야지. '소라 씨, 딸기 좋아해요?'라고 한이 물으니까 소라가 '네. 좋아해요.'라고 답하는 것 같다. CD를 들어보니 "소라상 쿠다모노와 스끼데스까."라고 한이 묻고 "하이. 다이스끼데스. 토꾸니 이치고가."라고 소라가 대답한다.

그림 옆에 일본어는 「そらさん、くだものは好きですか。」「はい、大好きです。とくに　いちごが」

이제 히라가나 페이지에서 확인하지 않아도 거의 읽을 수 있게 되었다. 참 신기하다. 누군가 알려주지 않아도 알아가는 기쁨이라고 할까? 단어의 첫 자에 올 때는 か(카) き(키) く(쿠) け(케) こ(코)로 발음을 하는데 두 번째, 세 번째에 올 때는 '까, 끼, 꾸, 께, 꼬'로 발음한다. 일본어를 알아가는 기쁨도 크지만, 스스로 깨우치는 기쁨은 더더욱 크다. 8과 정도 오니까 한자도 조금씩 나오기 시작한다. 한자는 일본어의 생명이라는데 열심히 쓰고 외워야겠다. 참, 뜻을 확인해 봐야지. 어머나. 약간 빗나갔다. 빗나가도 추리하는 일이 왠지 재미도 있고 이제는 습관이 되어버렸다.

뜻은 "소라 씨, 과일은 좋아해요?" "네. 굉장히 좋아해요. 특히 딸기를." 자연스럽게 입에서 나올 때까지 발음 연습도 하고, 한자 섞어서 쓰기도 열심히 연습했다. 어디까지 끝내야겠다는 압박감이 없어서 그런지 스트레스도 없고 놀이처럼 하니까 꽤 즐겁다. 이 정도 오면 딸기 말고 내가 진짜 좋아하는 과일이 궁금해진다. 이것저것 하고 싶은 말도 많아진다.

하지만 참아야 하느니라. 한일사전에서 찾아보는 것은 절대 금물. 비문의 일본어, 코페니스가 만들어질 가능성이 아주 높기 때문이다. 실제로는 딸기가 내가 좋아하는 과일이 아니더라도 '싫어하다'를 익힐 때까지는 딸기는 내가 좋아하는 과일이라고 연기를 해보자. 목표는 내가 익힌 것을 제대로 구사하는 데 있다. 그렇게 아는 것 위주로 8개월~1년 정도 참아보라. 일상회화가 줄줄. 본인 스스로 놀랄 것이다.

이런 식으로 1과부터 20과까지 한 번 끝냈다. 출퇴근할 때 하루 2시간 매일매일 CD를 들으며 머리로는 교재의 그림들을 떠올리며 입으로 수도 없이 발음을 따라했다.

늘어가는 재미와 더불어 공부가 즐겁다

지루하게 않게, 매일매일

첫 달과 똑같은 방식으로 1과부터 시작하자. 첫 달째 과감히 버렸던 부분부터 시작하는 것이다. 첫 달과 똑같은 방식으로. 첫 달보다 무지하게 쉽게 느껴질 것이다. 히라가나도 외웠고, 뒤쪽 과에 비해 앞쪽은 내용부터가 너무 쉽고 한자도 없지 않은가? 바로 이 효과를 노린 것이다. 한 과 한 과를 자세하고 완벽하게 하다 보면 진도도 안 나가는 것 같고, 내용도 비슷해서 지루함을 느낀다. 그러나 한 달 동안 우리가 해온 방법은 질척대지 않고, 앞으로 쑥쑥 빠지는 느낌. 그리고 매일매일 새로운 내용을 접하게 되기 때문에 지루하지 않다.

두 달째도 마찬가지로 서두르지 말자. 진도에 얽매이지 말자. 나의 페이스를 유지하면서, 두 달째에도 과감히 버리는 부분이 있어도 상관없다. 세 달째 다시 하면 된다. 혹시 세 달째도 과감히 버린 부분이 있다면 네 달째 다시 주으면 그만이다. 나의 페이스를 지키고 스트레스 받지 말자.

한 달 이렇게 해보니 요령도 생겼을 것이다. 회사 점심시간에 빨리 식사를 마치고, 적어도 20분은 책상에 앉아 교재를 펴고 첫 달째 과감히 버렸던 부분의 그림을 보며 무슨 뜻인지 연상한다. 그리고 CD로 발음을 따라해 보고, 히라가나는 다 외웠으므로 읽고 써본다.

기회가 있는 한 포착해서 직장 동료에게 익힌 것을 연습한다. 또 출퇴근하는 하루 2시간 매일매일 CD를 들으면서 머리로는 교재의 그림 장면 장면들을 떠올리며 입으로 수도 없이 발음을 따라한다. 퇴근 후 집에서도 관심을 가져주는 엄마 앞에서 열심히 연습한다. 자기 전에는 반드시 포켓용 수첩에 오늘 공부한 부분과 복습할 부분을 적어넣는다.

첫 달에는 이것저것 모든 게 새로워서 생각할 여유도 정신도 없어서 몰랐는데, 히라가나에 익숙해지니까 어디서 끊어 읽어야 할지 참 헷갈린다. 이게 바로 한국어와 일본어의 다른 점이다. 한국어나 영어는 글자 자체가 하나의 패턴이므로 띄어쓰기가 없다면 불편해서 안 된다. 그러나 일본어는 문장 속에 한자가 중간 중간 들어 있기 때문에 띄어쓰기의 필요성을 못 느낀다. 예를 들면 이렇다.

母の作ったおいしい料理を食べました。

ははのつくったおいしいりょうりをたべました。

이 두 문장을 비교해 보라. '엄마가 만든 맛있는 요리를 먹었습니다.'라는 같은 뜻의 문장이지만, 한자가 들어 있는 문장은 뜻과 읽는 법이 한눈에 들어온다. 그러나 두 번째 문장은 어디서 끊어야 할지, 또 무슨 뜻인지 복잡하고 난해하다. 어린이들이 읽는 동화책은 한자가 거의 없기 때문에 띄어쓰기가 되어 있다. 그러나 어른들이 읽는 책은 다 한자가 들어가기 때문에 한자 공부는 필수다. 1단계에서 이미 뒤 부분으로 갈수록 한자가 조금씩 나오기 시작한다. 한자도 그때그때 마스터하자. 한꺼번에 하려고 하면 힘들어져서, 이번에는 또 한자 때문에 포기해야 한다. 내일로 미루는 버릇은 나중을 힘들게 한다. 한자까지 포함해서 단 한 줄이라도 제대로.

좋은 습관은 나중을 편하게 하지만, 대충 대충 하는 습관은, 서울을 출발해 부산이 목적지인데 핸들을 강원도로 꺾는 것과도 같은 것이다. 핸들을 강원도로 꺾으면 스피드를 내면 낼수록 목적지로부터 점점 멀어져감을 명심하라. 도중에 핸들을 다시 부산으로 돌려 꺾어도, 강원도 쪽으로 달린 만큼 에너지와 시간을 낭비한 셈이다. 한자는 반드시 그때그때 마스터하라. 장기적으로 볼 때 훨씬 효율적이다.

때려치우면 바보!

내 수업의 입문반은 3개월 코스이기 때문에 새로 들어온 신입생들도 있고, 2개월째 되는 사람, 3개월째 되는 사람도 있다. 배운 기간이 똑같지 않다. 그리고 신입생 중에서도 히라가나부터 4개월 기초 코스 막 끝내고 올라온 사람, 속성 2개월로 히라가나부터 2개월 기초 코스 막 끝내고 올라온 사람, 한인회화 끝내고 온 사람, 일본인 회화 1개월부터 길게는 2~3년 공부한 사람까지 다양한 사람들이 있다. 심지어 일본어 능력시험 2급이나 1급을 취득한 사람, 일본 어학연수 3개월부터 1년까지 다녀온 사람 등 아주 다양하다.

대학을 졸업하고 사회에 뛰어들었을 때의 우리들 모습과 똑같지 않은가? 회사에 입사했을 때와 전혀 다르지 않다. 신입사원도 경력이 다양하기 이를 데 없다. 회사는 경력자만을 뽑지는 않는다. 경력은 없지만 성실하고 가능성이 있는 사람을 뽑아 처음부터 일을 가르칠 생각으로 뽑는 것이다. 그리고 회사는 무경력자에게 경력자나 기라성 같은 선배들과 똑같이 일하기를 기대하지도 않는다. 시행착오와 실패를 거듭해 일을 배워나간다는 전제 하에서 일을 시키고 가르치는 것이다. 제대로 일을 배우려면 실패했을 때 따끔하게 혼나는 것은 지극히 당연한 것이다. 같은 실수를 하지 말라는 '배려와 사랑의 매'인 것이다.

그러나 사회에서도 한 번 혼났다고 회사 때려치우는 사람이 적지 않다. 한 번 실수하고 한 번 실패했다고 자존심 상해 때려치우는 사람도 많이 있다. 이래서 때려치우고 저래서 때려치우고 도대체 언제 일을 배워 프로가 된단 말인가? 시행착오와 실패를 극복해야 프로가 될 수 있고, 베테랑이 될 수 있다. 대학을 막 졸업한 신입사원이 기라성 같은 선배와 똑같이 일할 수 있다고 착각하지 마라. 또 여기저기 기웃기웃 시간만 보내고, 프로도 베테랑도 못된 경력자들이 막 대학 졸업한 신입사원보다 일 못한다고 분하게 생각지 마라. 대충 보낸 세월과 나이를 과감히 버리고 신입사원의 입장에서 일을 배워라. 당신이 가지고 있는 건 자존심이 아니고 콤플렉스이다. '나이도 어린 게 감히, 내가 옛날에는 한때 잘 나갔어, 왜이래.' 소리치고 싶은 당신. 당신이 잘 나간 건 지금 현재가 아니고, 옛날이다. 그리고 회사는 나이는 신경 쓰지 않는다. 진짜 자존심은 일을 잘해내서 인정받는 것이다.

외국어 공부도 사회와 전혀 다르지 않다. 박지성, 김연아는 어린 나이이지만 프로다. 김연아가 실제 공연 중에 넘어져도 벌떡 일어나는 모습에 난 프로의식을 느끼는 한편, 마음 한구석에서 가슴을 쓸어내리며 안심한다. 기라성 같은 프로도 넘어지는구나. 역시 넘어졌을 때 프로는 벌떡 일어나고, 그냥 주저앉는 것은 아마추어임을 실감한다. 어느 오락프로에서 소녀시대의 써니가 한 말도 나에게 부딪치는 힘과 용기를 주었다. "첫술에 배부른가요?" 아직 어린데도 배짱이 있고, 용기가 대단하다. 무슨 일을 함에 있어서 나이는 전혀 상관이 없는 것 같다. 외국어 공부도 마찬가지다.

추리의 달인에 도전하기

세 달째도 똑같은 방식으로 놀이를 즐겨보자. 건너뛰고 넘어간 부분을 찾아 뜻을 추리해 본다.

세 달을 공부한 당신, 이제 추리하는 데 도사가 되었나?

이쯤 되면 일본어 대화 중 모르는 단어가 있더라도 겁먹지 마시라. 다음 예문을 보자.

① 金さんは、サモサを食べています。

② 金さんは、アオザイを着ています。

③ A : 明日のテストの勉強はしましたか。

　 B : はい。もちろんです。

　 A : でも、明日のテストは甘くないと思います。

①번의 サモサ ②번의 アオザイ ③번의 甘くない를 모르시겠다? 혹시 여러분 중에도 ③번의 甘くない를 '달지 않다'라는 뜻으로 번역한 사람이

있는가? 가장 위험한 케이스다. 전체라는 숲을 무시한 케이스. 그러나 걱정 마라. 학원 첫 수업 오리엔테이션에서도 제대로 아는 사람은 100명 중한 명, 1퍼센트 될까 말까 하니까. 훈련하고 연습하면 당신도 추리의 달인이 될 수 있다. ①번부터 보자.

サモサ를 빼면 '김씨는 ~을 먹고 있습니다.' 이건 알 거다. '먹고 있다'는 말이 뒤에 있으니까 '~を' 이 부분은 흐름과 상황에 의해 '음식'이란 것을 알 수 있지 않을까? 그렇게 생각했어도 구체적으로 그게 어떤 음식인지 몰라 머뭇거렸을 거다. 정확히 알아야만 하는 부분도 있지만 대충 알고 지나가도 되는 부분도 있다. 전 세계 음식을 어떻게 다 알겠는가. 이제무슨 뜻인지 완성시켜 보자.

① 金さんは、サモサを食べています。(김씨는 사모사라는 음식을 먹고 있습니다.) 참고로 サモサ는 인도 음식이다.

이처럼 전체적 흐름과 상황을 보면 중간 중간 단어를 몰라도 추리할 수있다. 그럼 ②번도 함께 해볼까? ①번에서 연습해 보니까 ②번은 누워서떡 먹기?

② 金さんは、アオザイを着ています。(김씨는 아오자이라는 옷을 입고 있습니다.) 참고로 アオザイ는 베트남 전통 의상. 이제 아셨다고요? 당신은 이미추리의 달인. 너무 너무 쉽다? NO, NO 아직 자만은 금물. 자~ 다음 ③번으로 넘어갈까요?

③ A: 明日のテストの勉強はしましたか。(내일 시험공부는 했습니까?)

B: はい。もちろんです。(예. 물론입니다.)

A: でも、明日のテストは甘くないと思います。(하지만, 내일 시험은 달지 않다고 생각합니다.)

甘くない를 달지 않다, 라는 뜻으로 생각한 분? 전체적 흐름과 상황으로 판단할 때, 달지 않다는 부적절하다 생각지 않나? 물론 이 한자는 '달다'라는 뜻도 있다. 그러나 하나의 단어에는 하나의 뜻만 존재하는 게 아니라 단어에 따라서는 수십 개의 뜻을 가지고 있는 단어도 있다. 그래서 전체 흐름을 무시하고 부분만 보아서는 절대로 그 상황에 맞는 뜻을 알 수가 없다. 내가 기존에 알고 있는 뜻으로 번역을 해본 결과 흐름상 부자연스럽다면 이 상황에는 내가 알고 있는 그 뜻이 아니라는 것이다.

그럼 전체 상황에 맞게 추리해 보자. 여기서 甘くない는 '달지 않다'가 아니고 '쉽지 않다'는 뜻이다. 그럼 甘い에 '쉽다'라는 뜻이 있는지 사전에서 확인해 보자. '만만하다'라는 뜻이 있다. 그러므로 여기서 甘くない는 '쉽지 않다' '만만하지 않다'라는 뜻이다. 만약 없을 경우 추리가 틀렸을 가능성도 있으므로 다시 원점으로 돌아가 다시 추리해 봐야 한다.

홍 대리가 일본어 천재가 된 추리의 비법을 다시 정리해 보자.

① 전체적 흐름과 상황에 의해 추리한다.
② 추리한 부분의 뜻이 사전에 있는지 확인한다.
③ 추리한 부분의 뜻이 사전에 없을 경우 대체할 수 있는 뜻이 있는지 확인한다.

④ 확인한 후에는 반드시 암기한다. 추리 능력은 있지만 추리한 다음 암기하지 않는다면 듣기와 독해 능력은 뛰어나나, 말하기 능력은 향상되지 않는다.

'외우지 않고 추리하는 학습법'은 암기 과정을 생략한다는 뜻은 아니다. 종래의 학습법과 순서를 바꾸었을 뿐이다. 무조건 암기하는 학습법의 문제는 도중에 모르는 단어가 나오면 당황하게 되고 모르는 부분은 절대 알 수 없다는 점이다. 그리고 모르는 단어 앞에서 스톱해, 끝까지 듣지 않는다는 것이다. 그러나 '외우지 않고 추리하는 학습법'은 훈련만 되면 모르는 단어가 나와도 때려맞출 수 있기 때문에 두려워하거나 당황하지 않는다.

'외우지 않고 추리하는 신개념 학습법'이란 나무보다 숲을 먼저 보는 습관이다. 부분에 얽매이지 말고 전체적 흐름과 상황을 보는 습관을 들인다면, 모르는 단어도 알아들을 수 있고(청취력), 말할 수 있고(회화력), 읽을 수도 있다(독해력)는 말이다. 다만, 암기를 완전히 생략한다는 의미는 아니다. 먼저 전체적 상황과 흐름을 통해 모르는 부분을 추리하고 사전에서 확인, 그리고 암기는 마지막 과정이라는 말이다.

문법에 목숨 걸지 마라

외국어를 배울 때 한국인들은 문법에 목숨 거는 것 같다. 그러면서도 외국어를 배울 때 문법이 어려워 포기하는 사람이 많다. 그러나 사실 말을 하는 데에는 문법이 필요 없다. 말은 반복에 의해 충분히 익히는 게 가능하기 때문이다. 글을 모르는 어린애들이나 어르신들도 말을 함에 있어서 불편은 없다. 단지 문법은 계단으로 올라갈 것을 엘리베이터를 이용하는 효과를 줄 수는 있다.

그러나 편리할 수도 있으나 내 발에 족쇄를 채울 수 있음을 잊지 마시라. 자동차가 물론 편리하지만, 논두렁길이나 차가 들어갈 수 없는 좁은 골목길은 내 발로 걸어가야 한다. 어학에도 문법으로 해결할 수 없는 예외는 얼마든지 있다. 레벨이 올라갈수록 더 많이 존재한다. 문법으로 해결할 수 없는 예외가 존재하니, 알면 도움이 되는 골자 문법만 추려보자.

① 동사　　　　　　　② い형용사와 な형용사

③ 전문의 조동사 そうだ　　④ 양태의 조동사 そうだ

⑤ ようだ와 みたいだ　　⑥ らしい

⑦ 가능형　　　　　　　⑧ 존경어와 겸양어

⑨ 수동과 사역

　　번호를 붙이니까 9개지 직접 해보면 식은 죽 먹기보다도 쉽다. 특히 ①
동사 ② い형용사와 な형용사만 확실히 해두면, 모든 조동사는 생김새가
이 세 가지와 똑같기 때문에 더 할 것도 없다. 조동사의 활용도와 생김새
가 동사와 같다면 동사와 똑같이, 생김새가 い형용사와 같다면 い형용사
와 똑같이, 생김새가 な형용사와 같다면 な형용사와 똑같이 활용된다. 그
러므로 동사, い형용사와 な형용사, 이 세 가지만 확실히 하면 끝이다.

　　그런 다음 조동사는 접속만 외우면 된다. 시중에 나와 있는 문법책 중에
두꺼운 걸 살 필요는 없다. 얇고 가벼운 걸 사면 된다. 아니면 다산북스 홈
페이지에 올려놓은 '매직문법'을 다운로드 받아서 보면 문법책을 사지 않
고도 끝낼 수 있다.

　　다시 한 번 강조한다. 초보 단계에서는 ① 동사　② い형용사와 な형용
사 이것만 확실히 해두자. 이것도 못하면서 다른 조동사 건드리지 마라.
구구단도 못 외우는 주제에 인수분해, 방정식, 막 진도 나가지 마라. OK?

5개월째 - 3단계 첫 달
내가 할 수 있는 말 늘리기

우리나라 사람들 중 많은 사람들이 일본어를 비교적 쉬운 외국어로 생각한다. 어순도 우리말과 같고, 우리에게 익숙한 한자어도 많기 때문에 영어보다 쉽게 익힐 수 있다고 속단하기 쉽다. 주변을 살펴보면 일본어를 한 번쯤 건드려본 경험이 있는 사람들이 무척이나 많다. 그런데 일본어를 유창하게 한다는 사람, 주변에서 쉽게 볼 수 있는가? 그만큼 일본어도 그리 만만한 외국어는 아니라는 말씀. 그러나 걱정할 필요는 없다. 열정을 가지고, 효율적인 방법으로 접근한다면 충분히 정복할 수 있는 언어가 바로 일본어다.

주변의 일본어 회화 강사들에게 듣는 이야기들이 몇 가지 있다. 이상하게도 회화를 공부하러 오는 학생들이 교실에서 말하려고 애쓰지 않는다는 것이다. 말을 배우러 왔으면 열심히 말해야 하는데 어떻게든 말하지 않으려고 입을 다물고 있고, 일부러 질문을 던져 말을 하게끔 유도해도, 단답형으로 대답해 대화를 끝내버린다는 것이다.

그렇지 않으면 자신이 하고 싶은 야야기를 머릿속에서 우리말 문장으로 만들어 알고 있는 일본어 단어를 조립한다고 한다. 언어 초보자에게 가장 위험한 습관이 이것이다. 원래 존재하는 문장을 분해해서 단어는 단어대로 조사는 조사대로, 단어장, 숙어장, 문법 노트를 따로따로 만들어가면서 외운 후 다시 자신의 머릿속에서 결합하고 있다. 있는 그대로의 문장을 외우면 되는데 왜 이중으로 고생하는지 모르겠다. 외국어는 우리가 생각하는 대로 조합하여 만들어지는 것이 아니라 그 나라 사람들이 사용하는 습관이다. 그 나라 사람들이 쓰는 말을 그대로 외우고, 그것을 익히는 것이 외국어 능력을 향상시키는 지름길이다.

일본어에는 전문의 조동사 'そうだ'가 있다. 우리말로 하자면 '~라고 한다' 정도의 뜻. 우리의 언어 생활을 봐도 내 이야기뿐만이 아니라 주변 사람들 이야기, 책이나 텔레비전에서 본 이야기, 들은 이야기들을 많이 한다. 이런 이야기를 전할 때 '누가 ~라고 하더라' '텔레비전에서 ~를 들었어' 등의 표현을 쓴다. 일본어도 책이나 드라마, 뉴스 등을 통해 익힌 문장을 자연스럽게 가족이나 친구에게 전해주다 보면 그것이 자신의 표현으로 익숙해진다. 그런 방법을 통해 익힌 표현이 많아지면 자신이 생각하고 있는 내용을 정확히 전달할 수도 있게 된다.

2단계 4개월째에 기초 문법 동사와 い형용사, な형용사를 제대로 한 당신! 이제 전문의 조동사 そうです(~라고 합니다)를 잡으러 간다. 준비! OK?

진짜 별거 아니다. 동사의 예를 들면 '간다' '안 간다' '갔다' '안 갔다' 이 4가지 표현 뒤에만 そうです(~라고 합니다)가 올 수 있다. 형용사도 마찬가지. '예쁘다' '안 예쁘다' '예뻤다' '안 예뻤다' 이 4가지 표현 뒤에만 そう

です가 올 수 있다. 결국 보통체(반말)로 바꾸고, そうです만 붙이면 된단 말씀. 쉽제? 까짓거 어려워서 빨리 못 간다면 걸어가면 되지, 뭐. 시간과 에너지가 조금 소요될 뿐, 포기하지 않는 한 목적지에는 반드시 도착할 테니까. 그럼 연습해 보자.

독해 교재는 시중에 나와 있는 것을 이용하면 된다. 얇고 스토리가 짧고, 아주 쉬운 내용의 교재. 반드시 CD나 테이프가 있는 교재로 선택한다. 맛보기로 해보고 싶으면 다산북스 홈페이지에서 '추리하며 배우는 매직독해' mp3 파일과 스크립트 파일을 다운로드 받을 수 있으니, 해봐도 된다. 그럼 시작! 준비 OK?

私は半年前に中国から来た留学生です。

(나는 반 년 전에 중국에서 온 유학생입니다.)

今、父の友だち、金さんの家に住んでいます。

(지금은 아버지 친구분인 김씨의 집에서 지내고 있습니다.)

오늘 이 문장을 공부했다면 단순히 이 문장을 외우는 데에서 그치지 말고, 이 이야기를 주변의 이야기인 양 회화에 응용하면 된다. 이때 전문의 조동사 'そうだ'를 붙이면 자연스럽게 전달될 수 있다.

リンさんは半年前に中国から来た留学生だそうです。

(임상은 반 년전에 중국에서 온 유학생이라고 합니다.)

今、父の友だち、金さんの家に住んでいるそうです。

(지금은 아버지 친구분인 김씨의 집에서 지내고 있다고 합니다.)

'そうだ'를 붙이는 방법은 의외로 간단하다. 문장 끝을 보통체(반말)로 바꾸고 'そうだ'를 붙여주면 된다. 입에서 줄줄 나올 때까지 문장 끝부터 연습한다.

예를 들면, 문장의 끝부분부터 留学生だそうです。완전히 입에 익으면 中国から来た留学生だそうです。이 부분도 완전히 입에 익으면 リンさんは半年前に中国から来た留学生だそうです。내가 배운 문장은, 모국어를 말하듯이 아주 자연스럽게 입으로 토해낼 수 있도록 연습해야 한다.

그러고 나서 이름이나 시간, 지명 등 바꿔 말해도 틀리지 않을 부분만 바꾸어 응용한다. 점점 익히는 문장이 많아지게 되면 표현이 입에 익고, 어떠한 상황에 어떤 말을 해야 하는지 느낄 수 있을 것이다.

문장을 외우는 것이 어렵다고 느껴지는가? 우리가 어렸을 적 한국말을 배울 때도 이 과정을 거쳤다는 사실을 떠올려라!

そうです를 붙여 어휘력을 계속 늘려라

연습 방법은 지난 달과 같다. 구입한 독해 책에서 처음엔 10문장을 하루의 목표량으로 공부한다. 목표량을 채우지 못해도 집착할 필요는 없다. 못한 건 3단계 두 달째에 다시 시작하면 되니까. 이번 달에도 그날 공부한 것은 そうです를 붙여 친구나 가족에게 이야기를 전해주는 방식으로 계속 연습한다.

독해를 공부할 때도 역시 추리는 계속되어야 한다. 추리해 본 것은 사전을 통해 확인하는데, 이번 달에는 일한사전을 활용하는 법을 확실히 정복해 보자.

일본어를 공부하는 초보자들에게 사전을 찾는 것은 쉬운 일이 아니다. 일본어는 히라가나, 카타카나만 안다고 사전을 찾을 수 있는 것은 아니기 때문이다. 특히 한자가 섞여 있는 경우에는 한자의 음으로 찾아야 하는데, 음이 따로 적혀 있는 경우는 바로 찾을 수 있지만, 음이 따로 적혀 있지 않은 경우는 부수와 전체 획수를 일일이 세어서 한자를 찾아야 하는데, 획수를 잘못 셀 경우도 빈번해 시간 낭비로도 이어지고 만다.

　이런 경우에 편리하게 사용할 수 있는 사전이 터치펜으로 한자를 직접 입력할 수 있는 화면이 달린 전자사전이다. 기왕에 일본어 공부를 시작하는 분들이라면 일한사전, 일일사전이 들어 있고, 한자 입력이 가능한 전자사전을 준비해 놓는다면 여러 가지로 유용할 것이다.

　일본어에서 한자는 일반적으로 한 글자일 경우에는 뜻으로 읽고, 두 글자 이상일 때는 음으로 읽는다. 다음의 예문을 보자.

　私の家族は 幸せに 暮しています。(우리 가족은 행복하게 살고 있습니다.)

　한자 私를 찾으면 음은 'し'이고, 뜻은 'わたし'로 표기되어 있다. 한자가 한 글자만으로 쓰인 경우는 뜻으로 읽는다. 따라서 이 한자私는 뜻으로 읽어 'わたし'라고 읽는다. 한자가 두 글자 이상일 때는 음으로 읽는다. 한자 家族에서 家의 음은 'か'이고 族의 음은 'ぞく'이므로 음으로 읽어 'かぞく'라고 읽는다.

　명사나 부사는 문장에 쓰인 그대로 찾으면 되니까 별 어려움이 없겠지만 동사의 경우 변형이 되기 때문에 그 사전형을 유추해야 의미를 찾을 수 있다. '暮しています'의 경우 한자 暮를 찾아보면 'くらす'(살다)라는 동사를 찾을 수 있다. 이 문장은 '暮す'라는 동사와 'いる'라는 동사 두 개가 합쳐진 상태이다.

　일본어도 한국어와 마찬가지로 하나의 단어에 여러 가지 의미가 들어 있는 경우가 많다. 따라서 단어를 찾고 나서도 어떤 뜻으로 쓰였는지 헷갈

리는 경우가 많기 때문에 하나의 단어에 집착하기보다는 전체 문장의 의미를 살펴서 뜻을 추리한 후 사전을 찾아야 여러 가지 뜻 중 어떤 것을 선택할지 알 수 있을 것이다. 明日の テストは 甘くないと 思います。란 예문에서 甘く는 '달다'의 뜻이 아닌 것처럼 말이다.

사전을 찾을 때는 사전에 나온 뜻과 덧붙여 있는 예문을 잘 살펴야 한다. 예문 속에 다양한 표현들이 있고, 단어의 민감한 뉘앙스를 구분할 수 있는 사례들이 많기 때문이다. 예를 들자면 동사 앞에 어떤 단어를 쓰는지, 조사는 어떤 것을 쓰는지 주의 깊게 살펴야 한다.

最近 一人 暮しして いる 息子からの 便りが ぜんぜんない。

이 문장을 보면 '便り'라는 단어가 나오는데, 이 단어를 'べんり'(便利)로 생각하고 발음하는 경우가 많을 것이다. 그러나 사전에서 다른 부분의 의미를 헤아려본다면 '便り'가 '편리'라는 의미로 쓰이지 않았다는 것을 알 수 있을 것이다. 정확한 뜻을 알지 못하더라도 '편리'라는 뜻이 아닌 것을 알았다면 다시 사전을 찾아봐야 한다. '便り'는 'たより'(소식, 알림)라는 뜻이 있는데 여기서는 이 의미로 쓰였다. 따라서 이 문장의 의미는 '최근 혼자 살고 있는 자식에게서 소식이 전혀 없다'라고 이해하면 된다.

모르는 단어가 나오면 무조건 사전부터 펼치지 말고 일단 알고 있는 단어를 위주로 전체를 추리해 보라. 그 추리를 바탕으로 사전을 찾는다면 훨씬 빠르고 정확하게 의미를 파악할 수 있을 것이다. 사전을 잘 찾고 활용하는 것이 일본어를 익히고 활용하는 최고의 비법이라고 할 수 있다.

추리를 잘하려면 눈치가 필요해

이번 달에도 방법은 같다. 독해 책을 가지고 3단계 첫 달과 둘째 달에 버렸던 문장들을 가지고 공부하면 된다. 뜻을 추리해 보고 사전에서 정확한 의미를 찾아 외운 뒤 そうです를 붙여 연습하기 바란다.

그러면 4단계에 들어가기 전에 추리는 얼마나 늘었는지 한번 볼까? 일본 드라마 あんど-なつ(안도나츠)에 이런 장면이 있다. 화과자 가게의 아르바이트생 나츠와 주인의 대화다.

나츠   오늘 쿰푸가 많이 팔린 것 같아요.

여주인 벌써 카메이를 다 외웠구나.

나츠   카메이요?

여주인 으응. 상급 생과자에 붙어 있는 이름. 이게 후지노하나, 이게 하나 쇼우부, 쿰푸는 제과장님이 새로 만든 신상품이야.

여기서 이야기의 흐름과 상황을 이해한다면 모르는 단어가 있어도 전혀 문제 될 것이 없다. 수업에서 나는 스크립트를 나눠주기 전에 드라마를 3번 보여준다. 대충 아는 단어를 중심으로 배우들의 행동, 손짓, 몸짓 등으로 상황을 파악하게 한다. 그리고 스크립트를 나눠주고 모르는 부분은 체크해 가며 읽어보라고 한다. 입문반 때부터 제대로 훈련해 온 사람들은 스토리의 흐름과 상황을 살펴보고 처음 보는 단어들도 이해한다. 그러나 훈련되지 않은 사람들은 쿰푸가 무슨 뜻이에요? 카메이를 모르겠는데요. 후지노하나, 하나쇼우부는 또 뭐지? 질문이 많다. 또는 수업시간에 사전을 못 찾게 하는데도 가끔 말 안 듣는 수강생들은, 아주 잽싸게도 사전을 찾아 "쿰푸는 훈풍, 후지는 등나무라는 뜻이고, 하나는 꽃이니까 등나무꽃, 하나쇼우부는 꽃창포라는 뜻인데, 카메이는 사전에 없는데요."라고 말한다. 제일 한심한 케이스다.

　사전에 없는 말을 이해하기 위해서 사전에 의지하지 말고, 먼저 나무를 보기 이전에 숲을 보자는 것이다. 그리고 상황을 이해하지 못한 상태에서는 사전에 있는 원뜻만 보고 오해를 초래하는 경우가 많이 있기 때문에 사전을 못 찾게 하는 것이다.

　사전을 찾기 전에 전체적 흐름과 상황으로 살펴보자. 드라마 장면 둘째 줄 여주인의 대사에서 카메이를 몰랐다 해도, 넷째 줄 여주인의 대사에 '상급 생과자에 붙어 있는 이름'이라고 설명이 있지 않은가? 그리고 훈풍, 등나무꽃, 꽃창포도 여기서는 원래의 사전적인 뜻이 아니고, 훈풍, 등나무꽃, 꽃창포를 표현한 화과자의 이름이다. 여기서는 원래의 뜻은 몰라도 전혀 상관이 없다. '아! 화과자의 이름이구나.'라고 알면 그만이다. 우리가 과자, 떡, 음식의 본디 의미를 알고 나서 먹고 마시는가? 외래어로 된 자동차 이름의 원뜻을 다 알면서 대화하는가? 결국은 어떤 상황인지 파악하는 게 우선이다. 그리고 나서 원래의 뜻을 찾아봐도 된다.

"카메이는 사전에 없는데요."라고 말한 수강생처럼, 믿기지 않겠지만 앞뒤 상황을 보면 알 수 있는데도 많은 수강생들은 전체를 무시하고 부분에만 얽매인다. 다시 한 번 강조하지만 나무보다 숲을 먼저 볼 수 있는 습관을 들이자. 부분 부분, 모르는 단어에 집착하기 이전에 전체적 상황을 연상하며 아는 단어를 중심으로 모르는 단어의 뜻을 추리해 보자. 그리고 나서 사전에서 확인하고 정확한 뜻을 암기하자.

드라마 '안도나츠'와 NHK로 공부하기

하루는 드라마로

4단계부터는 드라마 내용을 가족이나 친구한테 얘기하듯 전달하는 연습을 해보자. 지금까지는 です, ます 형식의 정중체만 배워왔을 것이다. 이제부터 드라마를 통해 반말체도 배워보자.

영화든 드라마든 테마가 있기 때문에, 단어들의 특성이 있고 반복된다. 그렇지만 생활회화를 익히는 데에는 드라마가 좋다. 그러나 유의할 점은 드라마 한 편을 내용이 외워질 때까지 끝까지 보는 것보다, 매달 다른 드라마를 계속 바꿔서 보는 것이 훨씬 효과적이다. 공부를 목적으로 보는 것이니 마지막 회까지 볼 생각하지 말고 1회만 선택해서 봐야 한다. 처음에는 분량과 상관없이 한 달에 드라마 한 편을 선택하길 바란다.

드라마도 선택이 중요하다. 예를 들면 키무라 타쿠야 주연의 '미스터 브레인'은 인간의 뇌 구조를 이용한 과학 수사를 다룬 내용으로 초보자에게는 너무도 어렵다. 첫 달에는 '안도나츠'를 선택하길 권한다. 일본인의 일상생활을 그린 드라마이고, 일본인이 동네 축제에 애착을 가지고 모두들 얼마나 열심인지, 일본인의 문화와 정서도 배울 수 있다. 그리고 무대가 일본 서민들의 마을 '아사쿠사'다. 일본을 여행한 사람이라면 반드시 들렀을 정도로 유명한 곳이다. '안도나츠'의 스크립트는 다산북스 홈페이지에서 다운로드 받을 수 있으니 이용하길 바란다.

드라마 내용 내것으로 소화하기

보는 분량은 첫 달에는 2~3분으로 하길 바란다. 개인에 따라 늘려가면 된다.

먼저, 그림으로 상황을 대충 파악하며, 한 단어든 두 단어든 들리는 대로 적는다. 세 번 반복해서 보며 들리는 걸 늘려간다.

그리고 나서, 일본어 스크립트를 본다. 다음은 '안도나츠'의 한 장면이다. 이 드라마의 첫 장면으로 주인공 안도가 화과자 가게에서 면접을 보는 장면이다. 한국인은 친해지기 전에는 풀네임full name으로 부르지만, 일본인은 일반적으로는 이름을 부를 때 성으로 부르고, 친해지면 이름으로 부른다.

獅子屋の社員：安藤奈津さん、ローラズガーデンにいらっしゃったん
　　　　　　　　　ですか。
安藤奈津：はい。

모르는 곳에는 동그라미를 그려보자. 체크를 해가며 한 번 읽어보는데, 다 몰라도 상관없다. 다 모르면 다 체크하면 된다. 연습하고 훈련하지 않은 부분을 모르는 것은 지극히 당연하다. 그리고 나서 사전을 찾아가며 내용을 알아보자. 다음은 한국 자막으로 보자. 자막은 의역이 많기 때문에 사전에서 확인하지 않고, 무조건 외웠다가는 큰 낭패다.

시시야(가게 이름)의 사원	안도 나츠 씨.
	'로라즈가덴'(가게 이름)에서 근무하셨습니까?
안도 나츠	네
시시야의 사원	주인이신 로라 씨, 돌아가셨죠?
	근사한 가게였는데.

다음은 입으로 연습하기. 독해문을 연습할 때와는 달리 드라마를 공부할 때는 평성문일 때는 '누구누구가 ~라고 말했습니다.' 의문문일 때는 '누구누구가 ~라고 물었습니다.' 너무 짧은 문장일 경우에는 '누구누구가 ~라고 묻고, 누구누구가 ~라고 말했습니다.' 이런 방법으로 연습하자.

예를 들면 이렇다.

獅子屋の社員が安藤奈津さん、ローラズガーデンにいらっしゃったんですか。と聞いて、安藤奈津がはい。と言いました。

이런 식이 된다.

시시야의 사원이 "안도 나츠 씨, '로라즈가덴'에서 근무하셨습니까?"라고 묻고, 안도 나츠가 "네"라고 말했습니다.

3단계 때와 마찬가지로 문장의 끝부터 익숙하게 말하는 연습을 하자.

① 安藤奈津がはい。と言いました。이 문장을 모국어처럼 자연스럽게 토해낼 수 있게 연습이 되었으면, 바로 앞 문장을 붙여서 ② 安藤奈津さん、ローラズ・ガーデンにいらっしゃったんですか。と聞いて、安藤奈津がはい。と言いました。이 부분도 완전히 입에 붙였으면 맨앞 부분부터 ③ 獅子屋の社員が安藤奈津さん、ローラズ・ガーデンにいらっしゃったんですか。と聞いて、安藤奈津がはい。と言いました。

이런 식으로 입에 완전히 붙였으면, 친구한테 이 내용을 전해주는 거다.

"어제 인터넷에서 일본 드라마 '안도나츠'를 보았습니다. 내용은……"

昨日インターネットで日本のドラマ、…あんど－なつを見ました。内容は……

끝에는 연습한 그대로 붙여보면 된다. 1단계부터 누누이 강조해 왔다. 양이 아니라 질이라고. 실수가 많은 것도 습관이다. 많은 양을 공부하지만 문법 실수, 표현 실수, 조사 실수가 많은 사람은 양이 늘면 늘수록 실수도 함께 늘어간다. 그러나 첫 단추부터 제대로 시작한 사람은 양이 늘어도 실수는 없다.

그리고 과감히 버릴 수 있는 용기도 누누이 강조해 왔다. 1단계부터 누누이 강조해 온 것들을 지켜온 사람이라면, 점점 공부의 양이 제대로 늘어가고 있음을 실감할 것이다.

하루는 뉴스로

하루 드라마를 연습했으면 다음날은 뉴스로 공부한다. 매일매일 새로운 정보에 노출되는 것이 중요하다. 〈월간 NHK〉를 교재로 사용하면 된다.

3단계 때와 마찬가지로 그날 공부한 내용에 전문의 조동사 そうだ를 붙여, 입으로 익히는 연습을 한다. 하루에 15문장을 목표로 해보자.

　뉴스는 처음에는 어렵게 느껴지지만, 스포츠, 살인사건, 주식, 정치 등 내용이 제한적이어서 6개월 정도면 완전히 익숙해지고 그 다음엔 오히려 더 쉽다. 그럼 스타트!

　아나운서의 음성을 소리로 들어보고 모르는 부분은 체크한다. 처음엔 동그라미가 많은 게 당연하니까 놀라지 말 것! 뜻을 추리해 보며 사전을 찾아 완벽하게 입으로 외운다.

　アメリカの今年1月の新車販売台数が発表され、ゼネラルモ−タ−スとクライスラ−が去年の実績のおよそ半分に落ち込むなど、厳しい経営状況が改めて浮き彫りになりました。(미국의 올해 1월 신차 판매대수가 발표되면서 제너럴 모터스와 크라이슬러가 작년 실적의 거의 절반으로 떨어지는 등, 혹독한 경제상황이 또다시 부각되고 있습니다.)

　그리고 가족이나 친구에게 뉴스 내용을 전해보자. 다음 같이 해본다.

　アメリカの今年1月の新車販売台数が発表され、ゼネラルモ−タ−スとクライスラ−が去年の実績のおよそ半分に落ち込むなど、厳しい経営状況が改めて浮き彫りになったそうです。(미국의 올해 1월, 신차판매대수가 발표되면서 제너럴 모터스와 크라이슬러가 작년 실적의 거의 절반으로 떨어지는 등, 혹독한 경제상황이 또다시 부각되고 있다고 합니다.)

3단계 때와 마찬가지로 입에 붙도록 뒤에서부터 연습한다.

① 改めて浮き彫りになったそうです。

② 厳しい経営状況が改めて浮き彫りになったそうです。

③ 去年の実績のおよそ半分に落ち込むなど、厳しい経営状況が改めて
　浮き彫りになったそうです。

④ ゼネラルモ−タ−スとクライスラ−が去年の実績のおよそ半分に落
　ち込むなど、厳しい経営状況が改めて浮き彫りになったそうです。

⑤ 新車販売台数が発表され、ゼネラルモ−タ−スとクライスラ−が去
　年の実績のおよそ半分に落ち込むなど、厳しい経営状況が改めて浮
　き彫りになったそうです。

⑥ アメリカの今年1月の新車販売台数が発表され、ゼネラルモ−タ−
　スとクライスラ−が去年の実績のおよそ半分に落ち込むなど、厳し
　い経営状況が改めて浮き彫りになったそうです。

누누이 강조하지만 언어는 머릿속에만 있고, 입으로 토해낼 수 없다면
죽은 언어나 마찬가지다. 초조해하지 말고, 앞의 예문처럼 문장 끝부터 입
으로 토해낼 수 있도록 연습하라. 익숙해지기만 하면, 사실 뉴스가 드라마
보다 쉽다. 쓰이는 단어가 한정되어 있기 때문이다. 6개월이면 뉴스의 달
인이 될 수 있다.

　게다가 매일 분량을 정해 공부하고, 못한 건 버리는 식으로 하면 매일
새로운 정보에 노출되는 효과가 있어 자극이 된다.

매달 새로운 드라마로 바꿔서 공부하라

둘째 달은 드라마 '流星の絆(유성의 인연)'으로 공부해 보자. 이 드라마는 레스토랑을 경영하는 한 가족의 사연을 그린 드라마다. 엄마와 아빠가 각각 자식을 데리고 재혼하여 꾸린 가정이지만, 아이들도 서로 아끼며 행복하고 단란한 가족이었다. 그러던 어느 날, 부모님의 말씀을 거역하고 심야에 아이들 셋이서 별똥별을 보러 몰래 집을 빠져나간 날 부모님이 살해당한다. 이 드라마의 특징은 레스토랑을 무대로 일상을 그린 내용으로 어렵지 않다. 경찰 관련 용어들이 나오기 때문에 지난 달보다는 아주 조금 레벨업해서 공부할 수 있다. 범인, 용의자, 현장, 경찰서, 체포 등.

이런 드라마를 공부해 두면 뉴스에서 살인사건을 다룰 때 많은 도움이 된다. 반대로, 뉴스에서 먼저 이런 내용을 익혔던 사람이라면, 드라마도 더 잘 들릴 것이다. 연습과 훈련을 제대로 한 부분만이 들리고, 말할 수도 있는 것이다. 만약 안 들린다면, 안 배웠거나 연습과 훈련이 제대로 안 된 것이라 생각하면 맞다. 격일로, 하루는 뉴스를 공부하는 것도 잊지 마시라.

애니메이션도 하나 해볼까

이번 달에는 애니메이션도 하나 해보자. '時をかける少女(시간을 달리는 소녀)'를 권한다.

애니메이션은 성우가 녹음하므로 발음은 드라마보다 훨씬 정확하고 듣기 편하다. 그러나 애니메이션 특성상 일상을 벗어나 4차원을 그린 내용이 많아서, 초보자한테는 어렵고 어휘력을 늘리기에도 적합하지 않다. 일단은 일상회화가 자연스럽게 되고 나서 말 그대로 즐길 수 있는 단계에서 권하고 싶다. 그러나 '시간을 달리는 소녀'는 4차원의 용어들이 거의 안 나온다. 이쯤에서 쉬운 애니메이션으로 기분전환을 해봐도 괜찮을 듯. 고등학생들의 일상을 그린 내용이다.

공부 방법은 마찬가지로 발음을 먼저 듣고 모르는 부분을 체크해서 뜻을 추리해 가며 사전에서 정확한 뜻을 찾아 입으로 익히는 것이다. 공부한 지 10개월쯤 됐으면 이제 홍 대리처럼 일본테마카페에 가거나 명동에서 마주치는 일본인에게 말을 걸어보길 바란다. 나도 모르게 하고 싶은 말이 입에서 터져나오는 경험을 하게 될 것이다.

그리고 이렇게 사람을 앞에 두고 이야기할 때는 사전에 의지하지 말고 하고 싶은 말을 전달하려는 노력을 해야 한다. '외삼촌'이란 단어를 모르면 '엄마의 오빠' 또는 '엄마의 남동생'이라고 말하면 된다.

"제 친구는 여자친구와 동거중입니다."라고 말하고 싶다고 해보자. '동거'라는 단어를 몰라도 포기할 필요 없다. '혼전의 남녀가 함께 사는 것'을 전달하면 그만이다.

私の友だちはまだ結婚はしていませんが、彼女と暮しています。(내 친구는 아직 결혼은 안 했지만, 여자친구와 살고 있습니다.)

"나는 간식으로 바나나를 먹었습니다." 이 말을 하고 싶은데 '간식'이란 단어를 몰라 하고 싶은 말을 못하는가? 고정관념에서 벗어나자. '간식'이란 단어 따위 몰라도 내가 하고 싶은 말을 얼마든지 표현할 수 있다.

私は朝ご飯を食べてから、昼ご飯の前にバナナを食べました。(저는 아침밥을 먹고 나서, 점심밥을 먹기 전에 바나나를 먹었습니다.)

이런 식으로 '간식'이란 단어를 사용하지 않고도, 얼마든지 내가 하고자 하는 말을 표현할 수 있다. 주의할 점은 구체적으로 정확하게, 그리고 유치원생도 알 수 있게 아주 쉽게 풀어야 한다는 점이다.

私は朝ご飯を食べてから、バナナを食べました。(저는 아침밥을 먹고 나서, 바나나를 먹었습니다.)

이 예문처럼 상황을 구체적으로 제대로 풀지 않으면, '간식'이 아닌 '후식'을 먹었다는 얘기가 되어버린다.

이 방법은 머릿속에 일본어에 대한 프레임이 생겨난 후에나 써먹어야 한다. 어휘가 쌓이고 감각을 익힌 후에 이런 방법으로 해나가면, 마치 일본 사람처럼 코페니스 제로의 일본어를 말하게 될 것이다. 아직 자신없다면 4단계가 다 끝난 뒤 시도해 봐도 괜찮다.

격일로, 하루는 NHK를 듣는 것도 실천하시라.

마지막 달엔 부동산 드라마

이번 달은 드라마 'Room of King(룸 오브 킹)'으로 공부해 보자. 이 드라마는 여러 가지 아르바이트를 하며, 주인공이 방을 구하러 다니는 내용이다. 여러 직업에 관한 내용이 나오는데다가 부동산에서 방 구할 때 도움이 되는 단어들이 나오므로 어휘력을 늘리는 데 크게 도움이 될 것이다.

격일로 뉴스를 연습하는 것도 잊지 말 것.

일본어능력시험에 도전하기 ①

일본어능력시험은 급수를 선택해서 합격, 불합격 여부를 가리는 시험이다. 1급이 가장 높고 4급까지 있다. 3급은 12월에 연 1회 시험을 볼 수 있고, 1급과 2급은 7월, 12월 연 2회 응시가 가능하다. 문제 중 70퍼센트를 맞추면 합격이고, 급수별로 시험 제한시간이 다르다.

	문자, 어휘	청해	독해, 문법	합격 가능 점수
3급	35분	35분	70분	240점 이상
2급	35분	40분	70분	240점 이상
1급	45분	45분	90분	280점 이상

유학을 준비하는 사람에게 필요한 시험이지만, 일본어 능력을 객관적으로 평가할 수 있기 때문에 취업을 준비하는 사람에게도 있으면 유리하다.

4단계까지 충실히 해왔다면 일상회화가 어느 정도 가능해진다. 이제 능력시험에 도전해 보자. 문제 유형별로 어느 한 부분을 집중해서 공부하는 것보다, 모의시험 문제집을 구입해 실제 시험처럼 치러봐야 한다. 시험 환경에 익숙해지는 것이다. 실제 시험시간을 엄수해 먼저 문제를 풀어보자.

정답을 체크하고 틀린 문제에 대한 해설을 보기 전에, 먼저 사전에서 찾아가며 이해하고 납득하자. 도저히 이해가 안 갈 때 해설을 봐도 늦지 않다. 그리고 난 뒤 다음이 암기 단계다.

3급, 2급에서 급수별로 도전하면서 질척거리지 말고, 처음부터 1급에 도전하길 권한다. 물론 기초 3개월 끝낸 사람이 1급에 도전할 수는 없다. 적어도 홍 대리만큼은 공부를 해야 한다. 도중에 포기하지 않고 가는 게 베스트다. 그러자면 늘어가는 즐거움과 할 수 있다는 자신감이 필요하기에, 과감히 버릴 수 있는 용기를 수도 없이 강조한 것이다.

내가 이 책에서 강조하는 바는 앞으로 나아가지 말라는 의미는 결코 아니다. 발음과 표현을 제대로 습득하는 데 의미를 둔 것이다. 그리고 머리가 아닌 입으로 자연스럽게 토해내는 습관을 먼저 들이자는 울부짖음이다. 좋은 습관을 들인 다음 공부의 양을 늘려야 한다.

빨리 가야 할 필연적 이유가 있다고? 왕초보가 15개월 만에 홍 대리처럼 되고 싶다면 하루 3시간은 집중해서 공부해야 한다. 내 학생들도 90퍼센트가 직장인이다. 직장생활 해가며, 적어도 하루 3시간은 일본어 공부에 투자했다. 출퇴근 2시간, 회사 점심시간 30분, 자기 전 30분, 시간도 구조조정해라.

1단계의 목표는 교재를 덮고도 모든 과의 그림이 머릿속에 그려져야 하며, 그림과 함께 입으로 일본어가 술술 나와야 한다. 2단계에선 내가 제시한 동사, い형용사와 な형용사, 전문의 조동사 そうだ의 활용이 자유로워야 한다. 3단계에서는 쉬운 독해 교재의 내용에 そうだ를 붙여, 모국어를 말하듯 친구에게 전해줄 수 있어야 한다. 그리고, 4단계에서는 드라마는 A4 한 장 분량의 스크립트, 뉴스 하나씩 격일로 입으로 자연스럽게 나올 수 있도록 완벽하게 마스터해야 한다.

그래도 시험은 시험인지라, 처음엔 어렵다. 홍 대리만큼 공부해서, 1급 모의고사 문제를 거의 다 틀렸다 해도 상관없다. 틀린 문제 하나하나 사전을 찾아가며 이해하고 암기하면 되니까. 어차피 자주 출제되는 문제는 한정되어 있어, 모의고사 문제를 풀다 보면 반복되는 문제에 익숙해진다.

내 학생 중 2008년 12월 능력시험에 A라는 학생은 1급에 도전해 불합격, B라는 학생은 2급에 도전해 합격했다. 2급에 합격하고 기뻐하던 학생이 2009년 7월 1급 성적은 어떻게 나왔을까? 지난해 1급에 불합격한 A는 1급에 재도전해 380점대로 합격했는데, 2급에 합격했다가 1급에 도전한 B는 320점대의 더 낮은 성적으로 합격했다. 1급을 합격했다면 2급은 합격했는지 점수는 얼마였는지 아무도 묻지 않는다. 그래서 나는 재차 2급 신경쓰지 말고 1급에 합격할 때까지 도전하라고 말하는 것이다.

왜 이런 결과가 나왔을까? A는 1급 공부를 하는 데 B보다 두 배의 시간을 들였기 때문이다. 사실 내 학생들은 능력시험 공부를 따로 하지 않는다. 시험 두 달 전에 모의고사 문제집을 한 권 풀어보고, 틀린 곳은 사전 찾아가며 이해하고 외웠을 뿐이다. 시험 공부를 하는 중에도 하루는 드라마, 하루는 뉴스를 듣고 연습하는 노력을 계속해야 한다. 그러니 공부가 결코 녹록지만은 않을 것이고, 한 달에 한 번 모의고사를 풀어보는 걸로 시험 준비는 충분했던 것이다.

일본어능력시험에 도전하기 ②

지난달과 마찬가지로 우선 모의고사 문제를 제한된 시간 안에 풀어보자. 격일로 드라마와 뉴스를 듣고 말하기 연습을 병행하면서, 모의시험에서 틀리거나 모르는 문제를 완벽하게 소화하자. 내 학생들은 사전을 찾아가며 완벽하게 소화하는 공부를 하기 때문에 두 달 동안 1번의 모의시험을 치고도 대부분 합격한다.

다시 한 번 강조하지만 중요한 것은 양이 아니라 질이다. 내가 공부한만큼 들리고, 공부 안 한 부분이 안 들리는 것은 지극히 당연한 일이다. 내 수업에서 그룹 회화를 시키고 무슨 이야기를 했는지, 다음 시간에 묻는다. 회화할 때 들리는 부분만 메모했다가 전해주면 된다. 당연한 이치다. 두 달 된 사람들은 지난 달 배운 것도 이야기할 것이고, 세 달 된 사람들은 지지난달 배운 것도 이야기할 것이다. 처음 들어온 사람들이 지금 안 들리는 것은 아직 안 배웠기 때문이다. 다음달 다다음달 배우고 나면 당연히 들리게 될 것이다. 이처럼 내가 안 들리는 것은 아직 안 배웠거나, 나의 연습이 부족하기 때문이다. 안 들리는 부분은 연습하면 되는 것이다. 박지성이 축구를 잘 하고 내가 못 하는 것은 나이나 배운 시간의 문제가 아니고, 아직 안 배웠거나 연습과 훈련을 안 했기 때문이다.

문제 풀이도 같은 이치다. "휴~, 선생님 하나도 모르겠어요. 쇼크예요." 뭐가 그리? 단지 문제풀이 연습과 훈련을 안 했기 때문이다. "나보다 늦게 들어온 학생이 훨씬 잘하는 거 같아요." 아닌데. 당신이 입문반에는 한 달 먼저 들어왔지만 당신은 계속 입문반만 들었고, 그 학생은 두 달째부터 입문과 초급 두 과목을 듣고 있다. 초급은 당신보다 이 학생이 선배다. 물론 먼저 들었다고 다 잘하는 것은 아니다. 연습과 훈련을 제대로 해야 잘할 수 있는 것이다. 박지성보다 축구를 먼저 시작한 사람은 수도 없이 많을 것이다. 답안지를 먼저 제출했다고 다 100점인가? 그것도 아니다.

시험 알레르기에서도 과감히 벗어나자. 아는 문제 쓰고, 모르는 문제 찍으면 된다. 시험은 단지 내가 알고 있는지 모르고 있는지 객관적으로 알려줄 뿐이다. 몰랐던 부분은 연습하고 훈련하면 된다. 문제풀이도 진도에 얽매이지 말고, 하나라도 제대로 알고 넘어가면 된다. 그러나 반드시 지켜야 할 약속이 있다. 문제풀이든 뭐든 매일 매일 단 하나라도 새로운 것을 익혀가야 한다는 것이다. 복습은 밥 먹듯이, 잠자듯이, 살아가는 하나의 습관처럼. 아는 것 부딪치고 모르는 것은 버릴 수 있는 용기! OK?

14개월째_ 5단계 셋째 달

JPT에 도전하기 ①

혹시 일본어능력시험 불합격이라도 실망하지 말자. 6개월 뒤, 다시 기회가 있으니까. JPT는 거의 매달 있으므로, 능력시험에 떨어졌다면 틀린 문제 복습해 가며 JPT 준비도 같이 하자. JPT는 만점이 990점이다. 시중에 나와 있는 문제집은 JPT450, JPT600, JPT800, JPT990으로 돼 있다. 시험 시간은 청해 L/C 45분(100문항), 독해 R/C 50분(100문항)이다.

JPT는 능력시험과는 출제 경향이 완전 다르므로 JPT450 문제부터 풀어 보자. 80~90퍼센트 소화하면 600점, 800점 문제로 레벨업 하자. 능력시험과 마찬가지로 시간을 엄수해서 문제를 푼 다음, 틀린 문제는 사전에서 찾아가며 이해하고 납득하자. 사전을 찾아도 모르는 문제는 해설을 보자. 청해든, 독해든 부분에 얽매이지 말고 전체적 상황과 흐름으로 바라보자. 숲을 먼저 보고 나서 나무를 보는 것이다. 시험은 실력이 있어도, 패턴에 익숙하지 않으면 실력 발휘를 할 수 없다. 홍 대리의 목표는 첫 2주는 450점 문제에, 그 다음 2주는 600점 문제에 도전하는 것이다.

JPT에 도전하기 ②

지난달과 공부 방식은 같다. 800점 목표이므로 첫 2주 동안 800점 문제집으로 공부하고, 다음 2주에도 800점 문제집을 다시 한 번 풀어보고 틀린 문제를 복습한다. 홍 대리처럼 제대로 훈련하고 능력시험 1급, JPT 800점 대를 넘었다면 이제 일본어 책을 원서로 읽어보자. 고등학교와 대학교를 졸업한 뒤 새로운 분야를 배워야 할 때 우리는 책을 사서 읽으면서 공부를 한다. 소설책이든 자기계발서든 필요한 정보가 있다면 이제는 일본어 원서로 읽는 데 도전해 보자.

이 정도면 이제 자신의 꿈에 다가가는 것도 수월해지지 않았을까. 내 졸업생 중에는 일본어를 공부해서 몸값(승진, 연봉 올려 전직 등)을 올린 사람들이 많이 있다. 그중에 최나영 씨를 소개하고자 한다. 지금은 내 수업 모델이기도 하다. A형에 소극적이고, 낯 가리고, 수업에서도 툭하면 울던 그녀. 졸업한 게 기특하다. 졸업이라 함은 능력시험 1급 합격, JPT 850점 이상 취득, 회화 자유롭게, 신문이든 소설이든 서류든 사전 없이 70~80퍼센트 읽고 이해하는 수준이다. 나한테 졸업하고 인천국제공항에서 한국 문화를 소개하는 통역 일을 했다.

그녀가 취미 삼아 펜던트, 귀걸이 등을 만들어 직접 착용하고 일하고 있으면 일본인들에게 "너무 예쁘다. 어디서 샀냐?"라는 질문을 많이 받았다고 한다. 처음에는 칭찬 받아 기분도 좋고 해서 한국을 자주 찾아 친해진 분들께 선물을 하는 정도였다고 한다. 그러던 중 일본인 펜팔 사이트(www.gojapan.com)에서 만난 일본인 친구와 인사동 쌈지길을 구경하고 있는데, 가게 주인이 말을 걸었다고 한다. "어디서 샀느냐?" 내가 만들었다고 하니까, "많이 만들 수 있느냐? 그럼 우리 가게에 납품해라." 이런 사연으로 인사동과 남대문 가게에 납품해서 월급보다도 훨씬 수입이 좋아졌다고 한다. 2009년 8월 7일부터 80일간 개최된 '인천 세계 도시 축전'에 출전한 일본 시마다 시 홍보대사로 신문에도 나왔다.

그러던 중 워킹 홀리데이 비자까지 받아서 2009년 10월에 일본으로 출국했다. 액세서리 숍을 일본과 한국에 오픈하는 게 꿈이란다. 당신도 무언가에 열심히 도전하는 가운데 꿈이 보일 수도 있고, 그 꿈을 실현할 수도 있을 것이다. 부딪히고 깨져도 무한도전. 홧팅!

일본어 천재가 된 홍 대리

초판 1쇄 인쇄 2010년 1월 8일
초판 1쇄 발행 2010년 1월 15일

지은이 이예숙
펴낸이 김선식
펴낸곳 다산북스
출판등록 2005년 12월 23일 제313-2005-00277호

PD 최소영
DD 최부돈
다산라이프 최소영, 최윤석, 장보라
마케팅본부 민혜영, 이도은, 박고운, 권두리, 김하늘
저작권팀 이정순, 김미영
홍보팀 서선행, 정미진
광고팀 한보라, 박혜원
디자인본부 최부돈, 손지영, 조혜상, 김태수, 김희준, 황정민
경영지원팀 김성자, 김미현, 유진희, 김유미, 정연주
미주사업팀 우재오, Erick R. Zimmerman
외부스태프 일러스트 배중열

주소 서울시 마포구 서교동 395-27
전화 02-704-1724(기획편집) 02-703-1725(마케팅) 02-704-1724(경영지원)
팩스 02-703-2219
이메일 dasanbooks@hanmail.net
홈페이지 www.dasanbooks.com

필름 출력 스크린그래픽센타
종이 신승지류유통(주)
인쇄·제본 (주)현문

ISBN 978-89-6370-049-6   03320